2~30대 고민을 타로로 풀어보는 힐링 에세이
더 단단해지는 아픔

더 단단해지는 아픔

초판 1쇄 인쇄 | 2025년 01월 25일
엮은이 | 이승훈
펴낸이 | 이재욱(필명:이승훈)
펴낸곳 | 해드림출판사
주 소 | 서울 영등포구 경인로82길 3-4(문래동1가 39)
　　　　센터플러스빌딩 1004호(우편07371)
전 화 | 02-2612-5552
팩 스 | 02-2688-5568
E-mail | jlee5059@hanmail.net

등록번호　제2013-000076
등록일자　2008년 9월 29일

ISBN　979-11-5634-618-0

2~30대 고민을
타로로 풀어보는
힐링 에세이

이승훈 엮음

더
단단해지는
아픔

해드림출판사

• 메이저 아르카나 •

0. 바보　　　1. 마법사　　　2. 여사제　　　3. 황후

4. 황제　　　5. 사제　　　6. 연인　　　7. 전차

8. 힘　　　9. 은둔자　　　10. 운명의 수레바퀴　　　11. 정의

12. 매달린 사람   13. 죽음   14. 절제   15. 악마

16. 탑   17. 별   18. 달   19. 태양

20. 심판   21. 세계

• 마이너 아르카나 • 지팡이(Wand)

지팡이 1　　　지팡이 2　　　지팡이 3　　　지팡이 4

　　　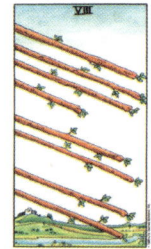

지팡이 5　　　지팡이 6　　　지팡이 7　　　지팡이 8

지팡이 9　　　지팡이 10　　　지팡이 시종　　　지팡이 기사

지팡이 여왕　　　지팡이 왕

• 마이너 아르카나 • 검(Sword)

| 검 1 |  검 2 |  검 3 |  검 4 |

| 검 5 |  검 6 |  검 7 |  검 8 |

| 검 9 | 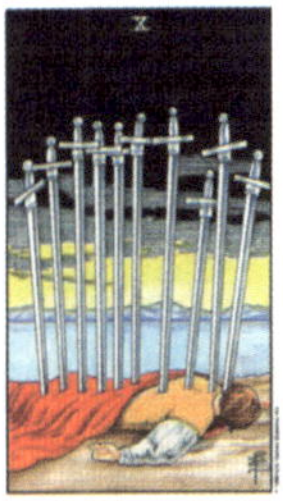 검 10 | 검 시종 | 검 기사 |

검 여왕

검 왕

• 마이너 아르카나 • 컵(Cup)

컵 1	컵 2	컵 3	컵 4
컵 5	컵 6	컵 7	컵 8
컵 9	컵 10	컵 시종	컵 기사
컵 여왕	컵 왕		

• 마이너 아르카나 • 동전(Pentacle)

동전 1

동전 2

동전 3

동전 4

동전 5

동전 6

동전 7

동전 8

동전 9

동전 10

동전 시종

동전 기사

동전 여왕

동전 왕

차례

은지야, 우리 꼭 결혼해야 해?	14
데이트 비용을 늘 혼자 부담하는 다영 씨	18
마케팅 부서 김지영 씨는 요즘 감정적으로 너무 힘들다	22
디지털 마케팅 에이전시를 창업한 강서영, 하지만 수익이 불안하다	26
남친의 친구들이 자신을 무시한다	29
이준혁은 공무원 시험 불합격이 거듭된다	33
현성도 공무원 시험 불합격이 거듭된다	37
코인 투자 정국 씨, 초기 투자금을 회수하지 못한다	41
초등학생 아들 녀석이 학교폭력 가해자라니…	45
정치문제로 적이 된 아버지와 딸 혜진 씨	49
지민은 친구 요청을 거절하지 못한 채 끌려다녀요	53
대학졸업 후에도 독립을 못한 채 부모님에게 의지해 산다	57
남자 친구가 갑작스러운 출산을 거부하다	61
자신에게 지나치게 집착하는 남친	64

외모가 능력보다 중요한가	68
승진에서 밀린 김 과장, 남몰래 눈물을 훔치다	72
사업 자금이 부족해 월급을 주지 못하는 강 대표	77
배우자가 우울증으로 인해 부부 관계가 악화되다	82
자신의 종교적 신념이 회사 문화와 충돌한다	87
청년창업지원금, 하지만 경기 불황으로 폐업 위기	93
오랜 구직활동으로 자존감이 떨어지고 사회적 관계가 결여된다	99
아이를 낳아야 하는데 경제적 부담이 큰 지수 씨	104
남친이 다른 여자를 만나면서 폭력을 행사하다	108
길어지는 연애, 하지만 결혼 자금이 막막하다	112
열심히 살아도 나아질 기미가 없는 미래	116
주변의 친구들에게 느끼는 열등감이나 패배감	120
개발자의 길을 계속 갈까 아니면 다른 비즈니스를 할까	127
사회 초년생, 사람들과의 관계가 몹시 어렵다	131

현재 직장에서 열심히 일하지만, 미래가 불투명하다　　136
윤석은 번아웃(Burnout) 증상을 겪는 중이다　　140
김민중은 대기업을 다니는데 이직을 고민 중　　145
김민정의 신용카드, 악순환의 연속이다　　149
대기업 취업이 어려운 승우 씨　　153
고립과 은둔, 세상과의 연결을 차단하다　　158
외국 여행 한 번 못하는 우물 안 개구리　　163
출산과 육아로 경력 단절이 될까 두렵다　　167
정민에게는 어렵기만 한 면접시험　　174
김씨, 과몰입 된 코인 투자　　178
점점 비혼(非婚)이 늘어가는 시대,
시류를 좇아야 하나　　182
부모님을 넉넉히 도와드릴 수 없는 한서준　　186
지은은 남친 태훈과 감정 충돌이 잦다　　190
무엇을 해도 성취감이 없어지는 지우　　194
출산 후 직장 내 분위기나 처우가 걱정되는 지선　　198
하연 씨 고민, 대학원 진학과 경제적 부담　　203
직장 내 인간관계가 힘들어 그만 두고 싶은 수진　　207
주식 투자 금액은 점점 늘고,
투자 실패 두려움은 커지고　　210
스마트폰 좀비 태준, 불규칙한 수면으로 건강을 망친다　　214

은수는 무의미한 루틴 속에서
자신을 잃어가는 무력감을 느낀다 218

두 아이를 키우는 종민은 대출을 갚느라
저축도 못하며 산다 222

적당한 전세 매물이 없어
매일 부동산 어플만 바라보는 현주 226

제조업 자동화로 인해 우진 씨 직업이 위험하다 230

아이들 교육비로 점점 어려워지는 지환 씨 가족 233

연미는 알바를 해야 하는 자신의 상황이 짜증난다 237

신용카드 회사 전화가 두려운 지안 씨 240

윤미 씨의 성취와 워라밸 갈등 244

유명 브랜드 세일 기간이 되면
한 달 급료가 날아가는 철민 씨 249

투잡으로 블로그를 운영하는 동석 씨 254

벼랑 끝에서 뛰어내리고 싶은 남자
어두운 밤을 지나 새벽을 기다리며 257

바람피우는 아내와 이혼할 결심 261

사업을 접어야 하나 265

은지야, 우리 꼭 결혼해야 해?

찬호는 올해 서른이 되었고, 직장에서도 어느 정도 자리를 잡아가고 있다. 연애 초반에는 은지와의 시간이 그야말로 행복의 연속이었다. 서로 마음을 확인하고, 함께하는 미래를 이야기하며, 자연스럽게 결혼이라는 단어도 오갔다. 하지만 시간이 흐를수록 결혼은 마냥 달콤한 꿈이 아닌 무겁고 현실적인 책임으로 다가왔다. 은지는 최근 주변 친구들이 하나둘 결혼을 시작하면서 결혼에 대한 이야기를 점점 더 자주 꺼낸다. 그녀는 결혼 준비를 행복한 미래를 그리는 과정이라고 이야기하지만, 찬호는 그 과정이 책임감과 의무로 가득 찬 짐처럼 느껴진다.

이런 그의 마음을 들여다보기 위해 타로 카드를 펼쳤다. 컵 2(Two of Cups), 황후(The Empress), 펜타클 10(Ten of Pentacles). 세 장의 카드는 찬호와 은지의 관계와 그의 내면에서 일어나고 있는 갈등을 선명히 보여준다.

첫 번째 카드, 컵 2는 사랑과 조화, 두 사람 간의 깊은 연결을 상징한다. 찬호와 은지는 서로 진심으로 사랑하고 있다. 이 카드가 보여주는 것은 두 사람 사이의 감정적 유대가 아직도 강하다는 점이다. 사랑이란 서로 이해하고, 함께 성장하며, 부족한 부분을 채워주는 관계다. 그러나 컵 2는 한편으로 두 사람이 같은 방향을 바라보고 있는지 자신에게 묻기를 권한다. 찬호가 느끼는 결혼에 대한 두려움은 그가 은지와 함께 만들어갈 미래의 그림을 아직 명확히 그리지 못했기 때문일지도 모른다. 이 카드가 제안하는 메시지는 마음을 열고 솔직한 대화를 통해 서로 진짜 바람을 확인하는 것이다.

두 번째로 등장한 황후 카드는 풍요로움과 창조, 그리고 돌봄의 에너지를 나타낸다. 은지가 결혼을 이야기하는 이유는 단순히 사회적 압박 때문이 아니라, 함께하는 삶에서 더 큰 풍요와 안정감을 느끼고 싶기 때문이다. 황후는 감정적으로 충만하고 서로 돌보는 관계를 만들 수 있는 가능성을 시사한다. 이 카드가 찬호에게 전하는 메시지는 두려움에 갇히기보다 현재의 관계에서 느낄 수 있는 아름다움과 풍요를 인정하라는 것이다. 황후는 또한 새로운 시작의 상징이기도 하다. 결혼은 끝이 아니라 또 다른 창조적인 여정의 시작이다. 찬호가 자신의 내면의 불안에 귀를 기울이는 동시에, 은지와 함께 만들어갈 가능성의 씨앗을 발견하는 시간이 필요하다.

　마지막으로 펜타클 10은 안정과 유산, 공동체의 가치를 상징한다. 이 카드는 찬호와 은지가 함께 이룰 수 있는 결혼생활의 이상적인 모습을 그린다. 펜타클 10은 단순히 물질적 안정만을 말하지 않는다. 가족과의 유대, 서로 지지하며 만들어가는 든든한 기반을 의미한다. 찬호가 두려워하는 결혼의 책임감은 이 카드의 시선으로 보면 두 사람의 노력으로 만들어가는 삶의 토대가 될 수 있다. 그 책임감은 무거운 짐이 아니라, 함께 나누는 기쁨으로 변할 수 있다.

　찬호는 이 세 장의 카드를 통해 중요한 깨달음을 얻는다. 그의 마음속에 자리 잡은 두려움은 결혼 그 자체가 아니라, 불확실한 미래와 새로운 책임에 대한 것이다. 하지만 사랑은 두려움을 마주하는 힘을 주는 감정이다. 찬호는 은지와 함께 솔직하게 대화하고, 서로 기대와 두려움을 나눌 용기를 얻는다. 그는 결혼이 한 사람이 모든 것을 짊어지는 것이 아니라, 두 사람이 함께 걸어가는 여정이라는 사실을 받아들이기로 한다.
　타로 카드는 언제나 새로운 길을 열어주는 도구다. 이 상담을 통해 찬호는 자신의 마음을 더 깊이 이해하고, 은지와의 관계를 더욱 성숙하게 만들어갈 가능성을 발견했다. 컵 2는 사랑의 힘을,

황후는 창조의 에너지를, 펜타클 10은 안정과 지속성을 알려준다. 이 모든 것이 어우러질 때, 두 사람은 진정한 의미의 결혼이라는 새로운 문을 열 수 있을 것이다.

타로는 마법 같은 해결책을 제시하지 않는다. 대신 우리 내면의 목소리를 들을 수 있도록 돕는다. 찬호는 이번 상담을 통해 두려움에 매몰되지 않고, 은지와의 관계에서 얻을 수 있는 기쁨과 가능성에 집중할 힘을 얻었다. 그리고 이 깨달음은 우리 모두에게도 해당한다. 삶의 중요한 선택 앞에서, 우리는 타로를 통해 자신을 다시 바라보고, 더 나은 결정을 할 수 있는 힘을 얻는다. 그런 점에서 타로는 단순한 점술이 아닌, 마음의 치유를 돕는 여정이다.

데이트 비용을 늘 혼자 부담하는 다영 씨

윤다영 씨는 2년째 사귀고 있는 남자친구와의 관계에 고민이 깊어진다. 데이트를 할 때마다 남자친구는 본인의 집이나 회사와 가까운 장소만 고집하고, 비용 또한 늘 윤다영 씨가 더 많이 부담하게 된다. 처음에는 남자친구의 사정을 이해하고 맞춰주려 했지만, 시간이 지날수록 그녀의 마음에는 불만이 쌓인다. 한 번쯤 솔직하게 얘기하고 싶지만, 괜히 싸움이 될까 봐 걱정돼 망설이기만 한다. 이런 상황이 반복되면서 윤다영 씨는 자신의 배려와 희생이 당연시되는 것 같아 서운하고, 이 관계를 계속 이어가는 것이 맞는지 스스로에게 묻게 된다.

이런 상황에서 윤다영 씨가 마주한 타로 카드들은 마법사(The Magician), 은둔자(The Hermit), 그리고 완드 기사(Knight of Wands)다.

마법사는 테이블 위에 모든 도구를 갖춘 채 자신을 믿고 새로운 시작을 선언한다. 그는 타고난 재능을 실현할 준비가 되어 있다. 윤다영 씨의 상황에서 마법사는 그녀가 자기 자신을 돌아보고 자신이 원하는 것을 정확히 파악할 때임을 말해준다. 더이상 남자친구의 사정이나 감정만을 헤아리며 자신의 욕구를 미뤄둘 때가 아니다. 마법사는 그녀에게 질문한다.
"당신이 진짜 원하는 것은 무엇인가요?"
 자신의 마음을 마주하고 그것을 외면하지 않는 것, 그것이 바로 지금 필요한 첫걸음이다.

 두 번째 카드, 은둔자는 깊은 산속에서 홀로 빛을 비춘다. 그는 누구의 간섭도 받지 않은 채 스스로 내면을 탐구하고자 한다. 이 카드는 윤다영 씨에게 잠시 멈추고 고요 속에서 진짜 감정을 들여다보라고 말한다. 그녀가 왜 이런 관계에서 불편함을 느끼는지, 무엇이 그녀를 서운하게 하고 상처받게 하는지 곰곰이 생각해보는 시간을 가져야 한다. 때로는 관계 속에서 타인의 기대를 채우는 것에 급급해 자기 자신을 놓치기도 한다. 하지만 은둔자의 빛은 그것이 어디에 있는지를 찾게 한다. 내면의 목소리를 따라가면, 그녀는 분명 무엇을 해야 할지 스스로 답을 찾을 수 있을 것이다.

 마지막 카드인 완드 기사는 불꽃같은 열정과 추진력을 가진 인물이다. 그는 망설이지 않고 앞으로 나아가며 자신의 뜻을 실현한다. 이 카드가 말하는 것은 두려움에 머무르지 말고 용기 있게 자신의 감정을 표현하라는 것이다. 남자친구와의 관계에서 그녀가 참아온 것들은 오랜 시간 동안 억눌러져 왔다. 이제는 그 감정을 존중하며 솔직하게 털어놓아야 한다. 싸움을 걱정해 피하기만 한다면 그녀의 불만은 계속 쌓이고 관계는 더욱 무거워질 뿐이다. 완드 기사는 그녀에게 말한다.

"당신의 진심을 말하세요. 당신의 목소리는 소중하니까요."

 마법사, 은둔자, 완드 기사가 윤다영 씨에게 던지는 메시지는 분명하다. 자신을 돌아보고 내면의 진짜 소리를 듣고, 그것을 표현하는 용기를 가지는 것. 사랑은 한쪽의 배려만으로 오래 유지될 수 없다. 두 사람이 진심을 나누고 함께 성장할 때 비로소 그 사랑은 건강해진다. 그녀가 자기 자신의 감정을 소중하게 여기고 그것을 나누는 순간, 관계는 새로운 국면을 맞이하게 될 것이다.

 이 상담은 단순히 윤다영 씨의 상황에만 해당하는 이야기가 아니다. 우리는 모두 관계에서 때로 타인의 입장을 지나치게 헤아리며 자신의 감정을 외면하기도 한다. 하지만 관계는 상대방을 이해하면서도 나 자신을 존중하는 균형 속에서 성장한다. 나의 목소리를 존중하는 것은 이기적인 것이 아니다. 그것은 나와 상대를 진정으로 존중하는 방법이기 때문이다.

윤다영 씨는 이제 더이상 마음속에 묻어두기만 하던 감정을 꺼낼 용기를 갖게 될 것이다. 그녀가 자신의 마음을 마주하고 그것을 솔직히 전할 때, 그들의 관계는 새로운 변화를 맞이하게 된다. 만약 상대가 그 변화를 이해하고 함께 나아간다면, 그들의 사랑은 더욱 단단해질 것이고, 그렇지 않더라도 그녀는 자신을 더 사랑하는 법을 배우게 될 것이다. 무엇보다 중요한 것은 윤다영 씨 스스로가 행복해지는 길을 선택하는 것이다.

 마법사의 결단력, 은둔자의 지혜, 그리고 완드 기사의 용기가 그 누구에게나 필요할 때가 있다. 이 카드들이 전하는 메시지는 오늘 우리 모두의 삶에서도 유효하다. 더 나은 관계를 위해, 더 나은 나를 위해 우리는 가끔 멈춰서서 내면의 소리를 듣고, 주저 없이 나아가는 용기를 가져야 한다. 그것이 타로가 전하는 진정한 힐링의 힘이다.

마케팅 부서 김지영 씨는
요즘 감정적으로 너무 힘들다

김지영 씨는 대기업 마케팅 부서에서 일하는 30대 중반의 직장인이다. 최근 몇 달간 회사의 중요한 프로젝트를 맡게 되어 업무량이 급격히 늘어나고, 동시에 상사의 높은 기대와 동료들의 경쟁적인 분위기 속에서 스트레스가 쌓여만 간다. 끊임없는 업무와 마감에 시달리며 점점 감정적으로 불안해지고, 몸도 쉽게 피로해진다. 과중한 업무 속에서 자신을 돌볼 시간이 부족해지면서, 점점 아프다는 느낌을 받기 시작한다. 몸의 통증과 피로감이 누적되면서, 직장 내에서의 과도한 부담이 신체적, 정신적으로 한계에 이른 듯한 상황이 된다. 지영 씨는 이제 더이상 단순한 스트레스가 아니라, 매일 일어나는 고통이 현실처럼 느껴진다고 이야기한다.

직장에서의 스트레스와 과도한 부담 때문에 감정적으로 힘들어 몸이 아프다는 느낌이 든다면, 타로 상담에서 나타날 수 있는 카드는 감정적 혼란과 내부적인 갈등을 반영하는 중요한 메시지를 전달한다. 이 상황에서는 특히 소드7, 소드4, 펜타클 시종 카드가 중요한 역할을 한다. 이 카드들은 각기 다른 방법으로 고통의 원인과 해결의 단서를 제시하며, 타로를 통해 감정적으로 얽힌 문제를 풀어나갈 수 있도록 돕는다.

소드7 카드는 속임수와 기만, 그리고 숨겨진 문제를 드러내는 카드이다. 직장에서의 스트레스가 지나치게 쌓이면, 사람은 종종 자신이 겪고 있는 감정적인 고통을 제대로 인식하지 못하거나, 그 고통을 외면하려 한다. 소드7은 이런 상황에서 자신이 무언가를 숨기거나, 피하려는 마음이 있는지를 묻는다. 직장에서의 과도한 부담이나 스트레스는 때로 외부의 압박만큼이나 내부에서 자아와의 갈등을 유발한다. 이 갈등은 자신이 진정 원하는 것을 숨기거나, 타인에게 드러내지 않으려는 욕구에서 비롯된다. 이 상담에서 소드7은 김지영 씨에게 직장에서의 문제나 감정적 고통을 정직하게 직시하고, 자신에게 진실을 말할 필요가 있음을 상기시킨다. 문제를 회피하는 것이 아니라, 그것을 직면하고 해결하려는 의지를 갖는 것이 중요하다.

소드4는 휴식과 회복을 의미하는 카드로, 과중한 스트레스에 시달리는 사람에게 필요한 휴식을 상징한다. 직장에서의 스트레스가 심하면 정신적, 육체적으로 피로해지기 쉽다. 이 카드는 김지영 씨에게 휴식을 취하고 내면의 평화를 되찾아야 할 필요성을 강조한다. 직장 내에서의 압박과 부담을 잠시 내려놓고, 자신만의 시간을 가지는 것이 중요하다. 그동안 무리하게 일을 하며 몸과 마음이 지친 상태라면, 잠시 멈추고 자신을 돌보는 시간이 필요하다. 소드4는 과도한 업무나 감정적 스트레스가 쌓여가면서 몸이 아프다는 느낌을 받을 때, 진정한 회복을 위해서는 적극적인 휴식이 필요함을 알려준다. 과중한 일의 압박을 해결하려는 태도보다는, 잠시 멈추고 자신을 돌아보는 시간이 진정한 치유의 첫걸음이 될 것이다.

펜타클 시종 카드는 학습과 성장, 새로운 시작을 의미한다. 이 카드가 등장하면, 직장에서의 부담이 감정적으로 힘들게 하는 상황 속에서도 새로운 관점에서 문제를 바라볼 기회를 제시한다. 펜타클 시종은 직장에서의 문제나 스트레스에 대해 어떻게 더 나은 방식으로 접근할 수 있을지를 탐색하는 데 중요한 역할을 한다. 즉, 현재의 힘든 상황을 지속하기보다는, 새로운 방법이나 사고방식을 시도하며 성장할 수 있다는 메시지를 전한다. 직장에서의 과도한 스트레스가 신체적, 감정적으로 영향을 미친다면, 이를 단순히 견뎌내는 것이 아니라, 이 과정을 통해 배우고 성장하는 기회로 삼을 필요가 있다. 펜타클 시종은 새로운 방법을 찾고, 더 나은 방식으로 일을 처리할 수 있는 가능성을 내포한다. 따라서 김지영 씨는 반복되는 스트레스의 순환 속에서 벗어나, 자신만의 방식으로 문제를 해결하는 데 집중해야 한다.

타로 상담에서 소드7, 소드4, 펜타클 시종 카드는 각각 다른 방식으로 직장에서의 과중한 스트레스와 부담을 다루는 방법을 제시한다. 소드7은 직면하고 있는 문제에 대한 정직한 인식을 요구하며, 소드4는 휴식과 회복을 통해 피로를 풀고 내면의 평화를 찾을 필요성을 강조한다. 마지막으로 펜타클 시종은 새로운 방법을 모색하고, 성장의 기회로써 스트레스 상황을 바라보도록 이끈다. 이 카드들이 제시하는 메시지는 모두 직장에서의 스트레스와 부담을 건강하게 해소하는 방향으로 나아가는 데 중요한 역할을 한다. 타로 상담을 통해 자신의 상황을 명확히 인식하고, 해결책을 찾는 과정은 감정적인 치유와 더 나은 삶의 질을 위한 중요한 첫걸음이 될 것이다.

디지털 마케팅 에이전시를 창업한 강서영, 하지만 수익이 불안하다

27살의 강서영 씨는 디지털 마케팅 에이전시를 창업한 지 두 달이 된 지금, 매일같이 숫자를 확인하며 자신의 선택이 옳았는지 고민하고 있다. 지인들의 프로젝트로 시작해 소소한 매출을 올리던 초기의 자신감은 점점 줄어들고, 월세와 운영비의 압박 속에서 불안한 마음이 커진다. 주변 사람들의 응원은 따뜻하지만, 정작 서영 씨에게 필요한 것은 구체적인 방향성과 안정감이다.

그녀가 타로 상담에서 마주한 카드는 펜타클 기사(Knight of Pentacles), 별(The Star), 세계 (The World)였다. 이 카드들은 마치 조각난 퍼즐처럼 그녀의 상황과 심리를 비추며 앞으로 나아갈 길을 암시하고 있었다.

펜타클 기사는 성실함과 책임감을 상징한다. 이 카드는 서영 씨가 이미 보여주고 있는 꾸준한 노력과 신중함을 인정하며, 이 길을 계속 걸어가라고 격려한다. 비록 지금 당장은 더딘 걸음처럼 느껴지더라도, 기사의 단단한 말굽 소리는 그녀가 선택한 길이 안정적으로 뿌리를 내릴 수 있음을 알려준다. 기사는 그녀에게 말한다.
"당장의 결과만 바라보며 불안해하지 말고, 긴 호흡으로 목표를 바라보세요. 지금은 기초를 다지는 시간입니다."

별 카드는 희망과 치유의 에너지를 담고 있다. 서영 씨의 마음속 깊은 곳에서는 그녀 자신도 여전히 꿈을 간직하고 있다는 사실을 이 카드는 상기시킨다. 별은 어두운 밤하늘에 반짝이며 그녀에게 말한다.
"길을 잃었다고 느낄 때에도 당신 안에는 항상 빛이 있습니다. 다른 사람의 기대나 숫자에 휘둘리지 말고, 자신의 비전을 다시 떠올리세요."
별은 그녀가 막막함 속에서도 잠시 멈추어 숨을 고르고, 창업을 결심했던 순간의 순수한 열정을 떠올릴 수 있도록 돕는다.

세계 카드는 완성과 성취를 뜻한다. 이 카드는 서영 씨가 지금의 어려움을 넘어서면 결국 큰 그림을 완성할 수 있음을 암시한다. 세계의 이미지는 끝과 동시에 새로운 시작을 상징하며, 그녀의 창업 여정이 단순히 생존의 문제가 아니라 성장과 통합의 과정임을 일깨운다. 이 카드는 그녀에게 묻는다.
"현재의 경험이 당신을 더 큰 세계로 이끌고 있음을 믿을 수 있나요?"

이 세 장의 카드는 함께 조화를 이루며 서영 씨에게 이야기를 건넨다. 지금의 불안은 그녀가 걸어가는 길에서 자연스러운 과정임을, 그리고 앞으로 나아가기 위해 필요한 것은 자신감과 끈기임을. 펜타클 기사는 매일의 성실한 행동을 강조하고, 별은 희망을 잃지 말 것을 권하며, 세계는 그녀의 여정이 결국에는 의미 있는 완성으로 이어질 것임을 보여준다.

서영 씨는 상담을 마치며 마음속에 작은 빛 하나를 품는다. 그녀는 앞으로도 숫자를 확인하며 고민할 것이다. 하지만 이제는 그 숫자가 단순히 그녀를 짓누르는 무게가 아니라, 더 나은 선택을 위한 나침반임을 알게 되었다. 그녀는 오늘 밤, 별을 올려다보며 자신에게 다짐한다.

"나는 충분히 잘하고 있어. 이 길의 끝에는 내가 꿈꾸는 세계가 있을 거야."

창업의 길은 누구에게나 어렵다. 하지만 펜타클 기사처럼 자신의 책임을 다하며 한 걸음씩 나아가고, 별처럼 희망을 품고, 세계처럼 큰 그림을 바라본다면, 그 길 위에서 우리는 자신의 가능성을 발견할 수 있다. 서영 씨의 이야기는 우리 모두에게 울림을 준다. 어려움 속에서도 성실함과 희망을 잃지 않는다면, 결국 우리가 원하는 세계에 도달할 수 있을 것이다. 그리고 그 세계는 우리가 만들어낸 가장 소중한 꿈의 집이 될 것이다.

남친의 친구들이 자신을 무시한다

내담자는 남친의 친구들과의 첫 모임에서부터 자신이 무시당한다고 느꼈다. 친구들은 내담자의 외모와 직업에 대해 은근히 비꼬는 말을 했고, 내담자가 대화에 끼어들 때마다 그 말을 흘려듣거나 다른 주제로 바꿨다. 남친은 처음엔 불편한 기색을 보였지만, 곧 친구들의 행동을 그냥 웃어넘기거나 내담자에게 "농담일 뿐"이라며 대수롭지 않게 말했다. 시간이 지날수록 이러한 상황은 더 심해졌고, 내담자는 남친과 함께 있을 때도 친구들의 평가와 태도를 의식하게 되었다. 결국, 이 문제는 내담자와 연인 사이의 신뢰를 흔들며 관계의 안정성에 큰 위협이 되었다.

연인 관계에서 외부의 간섭은 종종 갈등을 불러일으킨다. 특히 연인의 친구들이 나를 무시하거나 비난하며 관계를 방해할 때, 이러한 경험은 마음에 큰 상처를 남긴다. 타로 상담에서는 이러한 상황을 다루기 위해 특정 카드를 통해 문제의 본질을 탐구하고 해결책을 제시할 수 있다. 이번 에세이에서는 '악마', '별', 그리고 '소드 퀸' 카드를 중심으로, 연인의 친구들로 인한 관계 문제를 어떻게 극복할 수 있을지 탐구한다.

첫 번째로 살펴볼 카드는 '악마(The Devil)'이다. 이 카드는 속박과 유혹, 의존적인 관계를 상징한다. '악마' 카드는 연인의 친구들과의 관계에서 발생하는 부정적인 감정을 나타낼 수 있다. 친구들의 비난이나 무시로 인해 나 자신이 불필요한 죄책감이나 불안에 빠져드는 상황이 여기에 해당한다. 이 카드는 이러한 상황에서 자신이 얽매이고 있는 감정적 속박을 직시하라는 메시지를 전한다. 타로 상담에서는 이 카드가 나올 때, 외부 요인에 의해 마음이 휘둘리는 것을 경계하고, 자신을 억압하는 부정적인 감정에서 벗어나야 한다고 조언한다. 즉, '악마' 카드는 지금이야말로 자신이 처한 문제를 인식하고, 그 문제로부터 자유로워져야 할 때임을 알린다.

두 번째로 등장하는 카드는 '별(The Star)'이다. 이 카드는 희망과 치유, 그리고 영적 연결을 상징한다. 친구들로 인해 겪는 상처와 혼란 속에서도 '별' 카드는 마음의 평화를 되찾고, 관계를 긍정적으로 바라볼 수 있도록 인도한다. 연인의 친구들이 자신을 무시하고 관계를 방해하더라도, 이 카드는 결국 나에게 필요한 내면의 안정감과 신뢰를 다시 세우라고 조언한다. 또한, '별' 카드는 희망의 불빛을 통해 문제의 본질을 초월하는 시각을 제공한다. 이는 연인과의 관계가 외부의 간섭을 넘어 두 사람 간의 신뢰와 사랑으로 유지될 수 있음을 상기시킨다. 타로 상담자는 이 카드를 통해 내담자에게 위로와 긍정의 메시지를 전하며, 상처를 치유하는 과정을 돕는다.

마지막으로, '소드퀸(Queen of Swords)' 카드는 논리적이고 냉철한 판단력을 강조한다. 이 카드는 감정적인 혼란을 넘어서서 상황을 명확히 이해하고, 이성적으로 문제를 해결하라는 메시지를 전달한다. 친구들의 태도에 감정적으로 대응하기보다는, 자신의 입장을 분명히 하고 차분하게 상황을 정리하는 것이 중요하다. '검의 여왕'은 내담자에게 감정적인 반응을 줄이고, 현실적이고 공정한 태도를 취하라고 조언한다. 이 카드는 나의 입장을 고수하며, 불필요한 갈등을 피할 수 있도록 돕는다. 연인의 친구들로 인한 갈등은 때로는 피할 수 없는 문제일 수 있지만, 그 상황에서도 자신의 자존감과 감정을 지키는 것이 무엇보다 중요하다.

이 세 장의 카드를 통해 우리는 연인의 친구들이 관계에 영향을 미치는 상황을 더 깊이 이해할 수 있다. '악마' 카드는 부정적인 감정과 속박에서 벗어나라는 경고를, '별' 카드는 치유와 희망의 메시지를, 그리고 '소드 퀸' 카드는 이성적이고 냉철한 판단의 필요성을 강조한다. 이러한 조합은 단순히 문제를 해결하는 것을 넘어, 관계를 더욱 건강하게 만들기 위한 중요한 통찰을 제공한다.

결국, 연인의 친구들로 인해 발생하는 갈등은 외부의 영향을 최소화하고, 나 자신과 연인 간의 관계를 중심에 두는 것이 중요하다. 타로는 이러한 문제 상황에서 내면의 힘과 지혜를 활용해 상처를 극복하고, 더욱 단단한 관계를 만들어갈 수 있도록 돕는다. 이 상담은 단순히 갈등을 해결하는 것을 넘어, 자기 자신을 더 깊이 이해하고 성장하는 계기가 될 수 있다.

이준혁은 공무원 시험 불합격이 거듭된다

이준혁은 공무원 시험을 준비한 지 3년째에 접어든 28살의 대학 졸업생이다. 처음에는 열정 가득한 마음으로 시작했으나, 세 번의 실패를 거치면서 점차 자신감이 사라지고 있다. 매번 시험을 치를 때마다 느끼는 좌절감과 무기력함에 시달리며, 이제는 그만두고 싶은 마음이 커져만 간다. 가족과 친구들은 계속해서 응원하지만, 준혁은 자신이 계속해서 이 길을 가야 하는지에 대해 강한 회의감을 느낀다. 노력한 만큼 성과가 따르지 않는 현실에 지쳐가고 있으며, 미래에 대한 불확실성과 두려움이 그를 더욱 힘들게 한다. 더이상 계속해서 시험을 준비해야 하는지, 다른 길을 찾아야 하는지 고민이 깊어진다.

공무원 시험에서 여러 번 실패한 후, 계속해서 시험 공부를 해야 하는지에 대한 회의감을 느끼는 것은 매우 자연스러운 감정이다. 반복되는 실패와 그로 인한 좌절은 많은 사람에게 깊은 고민을 안겨준다. 그런 가운데 타로 카드를 통해 이 상황을 들여다보면, 현재의 고민을 조금 더 명확히 이해하고, 자신에게 필요한 방향을 찾는 데 도움이 될 수 있다. 이번 이준혁 상담에서는 세 가지 카드 펜타클 3, 컵 시종, 펜타클 7을 통해 이 문제를 풀어본다.

먼저, 펜타클 3은 협력과 성장의 카드로, 과거의 경험을 바탕으로 어떻게 더 나은 결과를 이끌어낼 수 있는지 질문을 던진다. 이 카드는 단순히 개인의 노력만으로 이루어지는 것이 아니라, 타인과의 협력과 팀워크를 통해 발전할 수 있음을 시사한다. 공무원 시험의 준비과정은 혼자서 해결해야 할 일이 대부분이지만, 주변 사람들과의 소통과 협력은 중요한 자원이 될 수 있다. 예를 들어, 스터디 그룹을 만들거나, 경험이 풍부한 사람에게 조언을 구하는 등의 방법으로 자신이 놓친 부분을 보완할 수 있다. 또한, 이 카드는 자신이 지금까지 쌓아온 노력과 성과를 인정하고, 그것이 결국 중요한 결실이 있을 것을 상기시켜준다. 실패는 끝이 아니라, 한 단계 더 성장하는 과정에 불과하다. 펜타클 3은 협력과 함께 차근차근 이루어지는 발전을 강조하며, 실패를 겪으면서도 결국에는 목표를 향해 나아가야 한다는 메시지를 전한다.

다음으로, 컵 시종은 감정적 자극과 직관의 카드로, 내면의 감정과 직관에 귀 기울이는 것이 중요함을 알려준다. 이 카드는 새로운 시작과 창의적인 사고를 의미한다. 시험 준비에서 좌절감을 느끼고 있더라도, 감정적인 피로감을 풀고 마음의 여유를 가지는 것이 필요하다. 이 카드가 제시하는 것은 무조건적인 재도전이 아니라, 마음을 가다듬고 다시 시작할 수 있는 용기를 찾는 것이다. 직관적으로, 자신이 왜 이 시험을 준비하는지, 어떤 동기로 이 길을 선택했는지를 되돌아보면 현재 고민을 조금은 덜어낼 수 있을 것이다. 컵 시종은 또한 새로운 기회를 탐색할 수 있는 열린 마음을 가지라는 조언을 준다. 자신이 이 시험을 계속 준비해야 하는지에 대한 회의감이 들 때, 잠시 멈추고 내면의 목소리를 들으며, 자신이 왜 시작했는지 되새겨 보는 것이 중요하다. 이 카드는 감정적으로 힘든 순간에도 여전히 가능성과 기회가 열려 있음을 알려준다.

 마지막으로, 펜타클 7은 노력의 결과를 기다리는 카드로, 인내와 시간의 중요성을 강조한다. 이 카드는 자신이 얼마나 열심히 노력했는지, 그 과정에서 어떤 성장을 이루었는지 되돌아보게 한다. 시험 공부를 하면서 겪은 실패는 단기적인 관점에서 보면 좌절감을 줄 수 있지만, 펜타클 7은 그 모든 시간이 결국에는 성과로 이어질 것을 상기시킨다. 시험 준비는 한 번의 성공으로 끝나는 일이 아니며, 여러 번의 실패와 성찰을 거쳐서 이루어지는 과정임을 이해해야 한다. 인내와 시간이 필요하지만, 그 과정에서 쌓이는 경험과 지식은 반드시 값진 결실로 이어질 것이다. 이 카드는 지금까지 해왔던 노력들이 결코 헛되지 않으며, 어느 순간 결과로 돌아올 것을 믿고 기다리라는 메시지를 전달한다.

결국, 이 세 가지 카드는 각기 다른 측면에서 이 상황에 대해 중요한 교훈을 준다. 펜타클 3은 협력과 성장을, 컵 시종은 감정적 여유와 직관에 대한 중요성을, 펜타클 7은 인내와 시간이 주는 가치를 강조한다. 실패와 좌절감은 잠시의 방해일 뿐, 그 과정에서 얻은 경험은 결국 시험 준비에 중요한 자산이 된다. 중요한 것은 내면의 감정에 귀 기울이고, 그 감정을 잘 다스리며, 때로는 주변의 도움을 받으며, 끈질기게 목표를 향해 나아가는 것이다. 공무원 시험을 준비하는 길은 고단하고, 때로는 힘들게 느껴질 수 있지만, 타로 카드가 전하는 메시지를 기억하며 꾸준히 나아간다면 결국 원하는 결과를 얻을 수 있을 것이다.

현성도 공무원 시험 불합격이 거듭된다

현성은 공무원 시험을 준비한 지 벌써 5년째다. 처음에는 목표를 향해 달려가는 열정이 있었지만, 반복되는 실패로 점차 의욕을 잃었다. 그동안 시험 준비를 하며 귀한 젊음을 보낸 것이 결국 시간 낭비라는 생각이 들었다. 이제는 매년 똑같은 패턴을 반복하며 자신을 괴롭히는 것이 맞는지 고민을 시작한다. 특히 주변 친구들이 각자의 길을 찾아가는 모습을 보며, 자신의 미래는 불안감을 높인다. 현성은 문득 "이 길이 정말 내가 원하는 길인가?"라는 질문이 머릿속을 스친다. 공무원 시험을 포기하고 다른 진로를 고려할 때가 되었다는 생각이 들면서, 이제는 진지하게 방향 전환을 고민한다.

진로를 전환하는 것에 대한 고민은 많은 사람이 경험하는 중요한 갈등이다. 특히, 공무원 시험에서 몇 년간 실패하고 나서, 계속해서 시험 공부를 이어가는 것이 시간을 낭비하는 것 같고, 더이상 자신에게 맞지 않는다고 느껴질 때 그 고민은 더욱 심화된다. 이 상황에서 타로 카드는 그 고민을 해결할 수 있는 중요한 통찰을 제공할 수 있다. 이 상담에서 진로 전환을 고민하는 현성에게 조언을 줄 수 있는 카드 세 장이 있다. 그것은 심판, 검2, 컵6이다. 이 세 카드는 각각 변화와 결단, 선택의 갈림길, 그리고 과거와 현재의 연결을 상징하며, 진로 전환에 대한 깊은 통찰을 전한다.

먼저, 심판(Judgement) 카드는 이 상담에서 가장 중요한 역할을 한다. 이 카드는 과거의 행동과 결정을 되돌아보며, 현재 상황을 깊이 성찰하는 과정을 의미한다. 공무원 시험에서 여러 번 실패한 현성의 경험은 분명히 마음에 큰 상처를 남겼을 것이다. 하지만 심판 카드는 그 실패가 단순한 패배가 아니며, 이 실패를 통해 새로운 가능성을 찾을 수 있는 기회임을 말한다. 이제는 과거의 실패를 그대로 안고 갈 것이 아니라, 그 경험을 통해 배우고, 그로부터 벗어나기 위한 결단을 내려야 한다. 이 카드는 현성 자신에게 새로운 길을 선택할 수 있는 용기와 힘을 주며, 그 결단이 반드시 긍정적인 변화를 이끌어낼 수 있음을 상기시킨다. 공무원 시험을 계속 준비하는 것이 정말 자신에게 맞는 길인지, 아니면 다른 방향으로 나아가야 하는지 현성은 깊이 고민해볼 필요가 있다.

검2(Two of Swords) 카드는 갈림길에서 선택의 순간을 맞이했음을 상징한다. 이 카드는 두 가지 길 사이에서 어떤 결정을 내려야 하는지 알지 못하는 상황을 나타낸다. 눈앞에 놓인 두 가지 선택지 중에서 무엇을 선택할지 망설이는 마음을 보여준다. 공무원 시험을 계속 준비할 것인지, 아니면 새로운 진로를 모색할 것인지에 대한 갈등은 이 카드에서 그려지는 내면의 혼란과 일치한다. 검2 카드는 이 혼란을 인식하고, 감정을 배제한 채 이성적인 결정을 내리는 중요성을 강조한다. 두 선택 모두 자신의 미래에 중요한 영향을 미칠 수 있기 때문에, 감정에 휘둘리지 않고 냉철하게 판단해야 한다. 또한, 검2는 머뭇거림을 의미하기도 하지만, 최종적으로는 결단을 내리면 더이상 갈등이 존재하지 않게 된다는 메시지를 전한다. 진로를 전환하는 것에 대한 확신을 갖고 한 걸음 내디딜 때, 그 선택이 현성 자신에게 적합한 길임을 알게 될 것이다.

마지막으로, 컵6(Six of Cups)은 과거와의 연결, 즉 추억과 경험이 현재의 선택에 중요한 영향을 미친다는 점을 시사한다. 이 카드는 과거에 대한 회상, 특히 어린 시절이나 더 순수했던 시절의 기억을 떠올리게 한다. 공무원 시험 준비는 끊임없이 미래를 향해 달려가는 과정이지만, 컵6은 때로는 과거에 자신이 진정으로 좋아했던 일, 즉 꿈과 열정을 되찾는 것이 필요함을 알려준다. 이 카드는 과거의 기억이 현재의 선택을 이끌어낼 수 있는 중요한 단서가 될 수 있음을 시사한다. 진로 전환을 고민하는 현성에게, 어린 시절의 꿈이나 좋아했던 일들이 무엇인지 돌아보고, 그것이 지금의 자신에게 어떤 의미를 가질 수 있는지 생각해보라고 권한다. 결국, 진로 전환은 단순히 미래를 향한 발걸음이 아니라, 자신이 진정 원하는 것과 더 깊은 연결을 찾는 과정임을 깨닫게 된다.

  이 세 카드는 진로 전환에 대한 중요한 메시지를 전한다. 심판 카드는 과거를 돌아보고 그 실패에서 벗어날 수 있는 기회를 제공하며, 검2는 선택의 갈림길에서 냉철한 결정을 내릴 수 있도록 돕는다. 그리고 컵6은 과거의 기억을 통해 현재의 선택을 더욱 의미 있게 만들도록 한다. 진로를 전환하는 과정은 결코 쉬운 일이 아니지만, 이 카드는 그 선택이 현성 자신에게 더 나은 삶을 선사할 수 있음을 확신시킨다. 공무원 시험을 계속 준비하는 것이 자신에게 맞는 길인지, 아니면 새로운 길을 선택하는 것이 더 나은지에 대한 고민은 결국 현성 자신의 진정한 열망과 연결된 선택을 통해 해결될 수 있다. 진로 전환은 그 자체로 자신을 발견하는 과정이며, 그 안에서 진정한 자신을 만날 수 있는 기회를 제공한다.

코인 투자 정국 씨, 초기 투자금을 회수하지 못한다

정국 씨는 직장 생활의 스트레스를 해소하고 추가 수익을 올리기 위해 친구의 추천으로 암호화폐 투자에 뛰어든다. 처음에는 상승장에 편승해 적잖은 수익을 올리며 자신감을 얻지만, 예상치 못한 하락장이 찾아오며 상황이 급변한다. 손실이 커지자 매일 출퇴근길과 업무 중에도 차트를 들여다보며 반등의 신호를 기다리지만, 불안한 마음에 적절한 매도 타이밍을 계속 놓친다. 시간이 지나며 투자금의 대부분을 잃게 되고, 이로 인해 정국 씨는 심리적으로 큰 압박감을 느끼며 자신의 선택과 행동을 되돌아보게 된다.

정국 씨의 이야기는 현대 사회에서 누구나 한 번쯤 경험할 수 있는 상황을 비추고 있다. 일상적인 스트레스와 재정적인 목표를 해결하고자 시작한 행동이 오히려 더 큰 심리적 부담과 자기비난으로 이어진다. 그의 타로 상담에서 등장한 세 장의 카드, 악마(The Devil), 컵 4(Four of Cups), 완드 기사(Knight of Wands)

는 이 문제를 깊이 이해하고 치유의 방향을 제시하는 데 중요한 메시지를 담고 있다.

악마(The Devil) 카드는 정국 씨의 현재 상황을 상징적으로 드러낸다. 악마는 종종 속박과 집착을 나타내는데, 이는 정국 씨가 투자 실패로 인해 자신을 속박하고 있는 심리적 상태를 잘 보여준다. 차트를 끊임없이 확인하고, 반등의 신호에 과도하게 매달리는 그의 행동은 악마가 보여주는 속박의 모습과 다르지 않다. 그러나 이 카드의 핵심 메시지는 단순히 부정적인 상황을 경고하는 데 있지 않다. 악마는 우리가 스스로 선택한 속박에서 벗어날 수 있음을 깨닫게 한다. 정국 씨에게 필요한 것은 자신의 불안을 직시하고, 실패를 통해 배울 수 있는 교훈을 인정하며 새로운 시각으로 상황을 바라보는 용기다.

컵 4(Four of Cups)는 정국 씨가 느끼는 정서적 무기력과 자기 반성을 나타낸다. 이 카드는 기회와 가능성이 가까이에 있음에도 이를 보지 못하고 있는 상태를 보여준다. 정국 씨는 투자 손실로 인해 자신의 가치를 잃어버린 듯한 기분에 빠져 있다. 하지만 이 카드는 내담자가 고개를 들어 새로운 가능성을 볼 수 있도록 촉구한다. 정국 씨가 잃은 것은 단지 금전적인 자원뿐만 아니라 삶의 다른 영역에서 자신을 발전시킬 기회일 수도 있다. 이를 깨달는 순간, 그는 재정적 손실 이상의 것을 얻을 수 있는 여정을 시작할 수 있다. 이 카드는 내담자에게 지금 자신이 느끼는 부정적인 감정이 영원하지 않으며, 새로운 기회가 자신을 기다리고 있다는 희망을 일깨운다.

완드 기사(Knight of Wands)는 정국 씨가 앞으로 나아가야 할 방향을 상징한다. 이 카드는 열정과 에너지를 가지고 새로운 도전을 시작하는 모습을 그린다. 정국 씨는 실패를 두려워하지 않고, 과거의 경험을 바탕으로 다시 앞으로 나아갈 수 있는 힘을 가질 필요가 있다. 완드 기사는 단순히 새로운 시작을 의미하는 것만이 아니다. 그것은 자신을 제한하던 과거의 집착을 떨쳐내고, 진정으로 자신이 원하는 목표를 향해 용기 있게 나아가는 모습을 보여준다. 정국 씨가 스스로에게 묻고 답해야 할 질문은 무엇을 진정으로 원하는가, 그리고 이를 위해 어떤 행동을 선택할 것인가이다.

이 세 장의 카드는 단순히 정국 씨의 투자 실패라는 구체적인 문제를 넘어, 그가 자신을 이해하고 성장하는 여정을 함께하고 있다. 악마는 그가 직면한 속박을 인식하게 하고, 컵 4는 새로운 가능성을 발견할 기회를 제공하며, 완드 기사는 그를 새로운 길로 이끈다. 타로는 종종 삶의 문제를 명확히 드러내지만, 동시에 이를 해결할 수 있는 내면의 지혜와 용기를 일깨운다.

정국 씨의 사례는 우리 모두가 한 번쯤 직면했거나 직면할 수 있는 경험을 반영한다. 실패와 손실은 누구에게나 고통스럽다. 하지만 이들은 우리의 삶을 더욱 깊이 이해하고 성장할 수 있는 기회가 될 수 있다. 중요한 것은 그 순간 속에서 우리가 어떤 태도로 상황을 받아들이고, 앞으로 나아가는 선택을 할 것인가이다. 타로는 그 선택을 돕는 가이드가 될 수 있다. 악마, 컵 4, 완드 기사는 모두 각자의 자리에서 정국 씨와 우리에게 이렇게 말한다. 실패는 끝이 아니라 새로운 시작이다. 이 메시지를 마음에 새기고, 오늘 하루를 조금 더 가볍고 긍정적인 마음으로 살아갈 수 있다면, 그것만으로도 충분히 힐링이 될 것이다.

초등학생 아들 녀석이 학교폭력 가해자라니…

초등학생인 민수는 학교에서 지속적으로 다른 학생들을 괴롭히고, 결국 그 피해자가 정신적으로 큰 충격을 받으면서 부모에게 고백하게 된다. 피해자는 민수에게 직접적으로 폭언을 듣고, 물리적인 괴롭힘을 당하며, 이를 견디지 못하고 학교를 자퇴하게 된다. 이 사건은 학교에서 큰 논란을 일으키고, 민수는 가해자로 지목되면서 학교 전체와 학부모들 사이에서 비난을 받는다. 민수 부모는 처음에는 아들이 그럴 리 없다고 믿었으나, 사건이 커지면서 민수의 행동에 대해 점차 의문을 가지게 된다. 민수 부모는 자녀의 잘못을 어떻게 해결할 수 있을지, 그리고 사회적으로 입게 될 비난과 상처를 어떻게 치유할 수 있을지 깊은 고민에 빠진다.

자녀가 심각한 학교폭력의 가해자로 지목되어 학부모들 사이에서 비난을 받는 상황은 부모에게 큰 충격을 준다. 이 상황에서 부모는 자녀의 행동과 그 원인, 그리고 이로 인한 사회적 낙인과 직면하게 된다. 타로 상담에서는 이 상황을 어떻게 풀어나갈 수 있을지에 대한 해답을 찾기 위해 카드 세 장을 선택해본다. 이번 상담에서 등장한 카드는 '판(Judgement)', '소드4(Four of Swords)', '소드10(Ten of Swords)'이다. 이 카드를 통해 상담자는 이 상황에서 부모가 자녀와 어떻게 관계를 맺고, 서로 상처를 치유할 수 있을지에 대한 통찰을 얻을 수 있다.

먼저, '심판' 카드는 중요한 전환점을 상징한다. 이 카드는 자녀가 범한 잘못에 대한 재조명과 회복의 가능성을 암시한다. 부모는 자녀의 행동에 대해 깊이 성찰해야 하며, 단순히 비난하거나 처벌하는 것이 아닌, 자녀가 자신의 행동에 대해 진심으로 반성하고 성장할 수 있는 기회를 제공해야 한다. 이 카드는 또한 과거의 잘못을 끊고 새로운 시작을 할 수 있는 가능성을 열어준다. 부모가 자녀에게 따뜻한 마음으로 다가가고, 이 어려운 시기를 함께 극복하겠다는 의지를 보일 때 자녀도 그들의 진심을 느끼고, 그 과정에서 본인의 내면을 돌아볼 수 있을 것이다. '심판'은 구원과 변화의 가능성을 내포하고 있기 때문에, 부모는 자녀에게 회복의 기회를 제공하는 중요한 역할을 한다.

다음으로 '소드4(Four of Swords)' 카드는 휴식과 치유를 나타낸다. 이 카드는 부모가 감정적으로나 정신적으로 힘든 상황에서 일시적인 휴식이 필요함을 알린다. 부모가 자녀를 비난하는 데 집중하기보다 자신에게 충분한 시간을 주고, 감정을 가라앉힐 필요가 있다. 또한, 이 카드는 자녀와의 관계에서 잠시 거리를 두고 서로 돌아보는 시간이 필요함을 시사한다. 부모는 너무 빠른 판단과 결정을 내리기보다는 한 발 물러서서 상황을 차분히 분석할 필요가 있다. 소드4 카드는 자녀와의 관계뿐 아니라 부모 자신의 회복을 위해서도 중요한 카드로, 자신을 돌보지 않으면 자녀를 도울 힘이 부족하다는 메시지를 전한다.

마지막으로 '소드10(Ten of Swords)' 카드는 극도의 고통과 절망을 나타낸다. 이 카드는 자녀의 행동이 초래한 사회적 비난과 내적인 고통을 상징한다. 자녀는 비난을 받으며 깊은 상처를 입었을 것이다. 부모는 자녀가 겪고 있는 고통을 인식하고, 그가 느끼는 상처에 공감하는 것이 중요하다. '소드10'은 그 고통이 끝이 아니라 새로운 시작을 위한 과정임을 알려준다. 부모는 자녀의 상처를 이해하고, 그 상처가 치유될 수 있는 방법을 찾아야 한다. 이 카드가 나타날 때, 상담자는 자녀가 현재 겪고 있는 고통이 한 시점일 뿐이며, 시간이 지나면서 자녀와 부모 모두 회복할 수 있다는 희망을 전달한다.

이 세 장의 카드는 자녀의 잘못과 그로 인한 고통을 치유하는 과정에서 중요한 통찰을 제공한다. 첫 번째 카드인 '심판'은 변화와 회복의 가능성을, 두 번째 카드인 '소드4'는 부모의 감정적 회복과 치유의 필요성을, 마지막으로 '소드10'은 자녀가 겪는 고통을 이해하고 그 상처를 치유하는 과정의 중요성을 강조한다. 이 카드를 통해 부모는 자녀와의 관계에서 비난과 처벌보다는 진심어린 이해와 회복의 기회를 제공할 수 있다. 부모는 자녀에게 상처를 치유할 수 있는 시간이 필요함을 이해하고, 자녀가 회복할 수 있도록 돕는 힘을 갖게 된다. 타로 카드에서 전하는 메시지는 부모와 자녀가 함께 성장하고, 서로 상처를 치유해가는 여정을 상징한다.

정치문제로 적이 된 아버지와 딸 혜진 씨

윤혜진 씨는 대학교에서 정치학을 전공하며 사회 문제에 대해 적극적으로 목소리를 내고 있다. 그러나 집에 돌아오면 부모님과의 대화는 늘 갈등으로 끝난다. 최근 저녁 식사 자리에서 혜진 씨는 현 정부의 정책에 대해 비판적인 의견을 냈고, 이에 아버지는 "너는 가난을 안 겪어봐서 우리 세대의 고생과 희생을 모른다"며 화를 냈다. 윤 씨는 자신의 의견을 설명하려 했지만 대화는 감정적인 말싸움으로 번졌다. 이후 윤 씨는 집에서 부모님과 대화를 피하고 방에 틀어박히는 일이 잦아졌다. 하지만 그럴수록 마음속에 죄책감과 외로움이 쌓여가는 것을 느끼고 있다.

윤혜진 씨의 이야기는 오늘날 젊은이들이 겪는 갈등을 떠올리게 한다. 부모 세대와 자식 세대 간의 의견 충돌은 시대의 변화와 함께 나타나는 자연스러운 현상일지도 모른다. 하지만 그 갈등이 깊어지면서 대화는 단절되고, 마음속에는 죄책감과 고립감이 남는다. 혜진 씨의 마음을 살피기 위해 펼쳐본 타로 카드에서는 소드9(Nine of Swords), 달(The Moon), 컵4(Four of Cups)가 나왔다. 이 세 장의 카드는 그녀가 겪고 있는 감정과 상황을 깊이 있게 보여준다.

소드 9는 혜진 씨가 매일 밤 느끼는 죄책감과 불안을 상징한다. 이 카드 속 인물은 깊은 어둠 속에서 홀로 깨어난 채 고통스러운 생각에 잠겨 있다. 그녀 역시 부모님과의 갈등 이후 혼자 있는 시간을 보내며 마음속에 자신을 향한 비난과 상처를 되새긴다. 부모님의 의견을 이해하지 못한 자신, 혹은 대화를 원활하게 이끌지 못한 자신을 자책하며 자신을 더욱 옥죄는 것이다. 그러나 소드 9는 단지 고통의 표현만이 아니다. 이 카드는 종종 내면의 성장을 위한 통로를 열어주는 신호이기도 하다. 혜진 씨가 이 고통을 통해 자신의 감정을 더 깊이 이해하고, 그것을 극복하기 위한 용기를 얻을 수 있음을 암시한다.

달 카드는 그녀가 처한 상황의 혼란스러움과 불확실성을 보여준다. 부모님과의 갈등은 단순히 의견 차이에서 비롯된 것이 아니라, 세대 간의 경험과 가치를 둘러싼 근본적인 차이에서 발생한다. 달의 이미지는 흐릿하고 어둡다. 그것은 혜진 씨가 지금 어떤 방향으로 나아가야 할지 알 수 없는 상태에 있음을 나타낸다. 동시에, 달은 직관과 내면의 소리를 들을 것을 권유한다. 부모님의 의견을 이해하기 위해 자신의 직관을 신뢰하고, 겉으로 드러난 갈등 이면에 있는 사랑과 보호의 마음을 찾아보라고 조언한다. 달은 혜진 씨에게 단순히 문제를 회피하지 말고, 자신의 감정과 부모님의 감정을 동시에 바라보라고 말하고 있다.

컵 4는 혜진 씨의 현재 태도를 반영한다. 그녀는 부모님과의 대화를 피하고 방 안에 틀어박히는 일을 선택하고 있다. 컵 4의 인물은 눈앞에 놓인 기회를 외면하며 자신의 세계에 갇혀 있다. 하지만 이 카드는 멈추어 있는 상태가 영원하지 않음을 알려준다. 컵 4는 때로는 잠시 쉬어가는 것이 필요하다는 점을 상기시켜 주기도 한다. 혜진 씨가 방 안에서 혼자 있는 시간을 통해 자신의 마음을 정리하고, 부모님과의 대화를 다시 시도할 준비를 할 수 있음을 암시한다. 그녀는 이 시간을 통해 자신이 원하는 것이 무엇인지, 부모님과의 관계에서 어떤 방향으로 나아가야 할지를 깨달을 수 있다.

이 세 장의 카드는 혜진 씨에게 깊은 메시지를 전하고 있다. 소드 9은 고통을 직면하는 용기를, 달은 혼란 속에서도 자신의 직관을 믿는 힘을, 컵 4는 멈추어 생각하는 시간이 주는 가치를 일깨운다. 부모님과의 갈등은 단지 차이를 드러내는 것이 아니라 서로 더 깊이 이해할 수 있는 기회가 될 수 있다. 혜진 씨가 이 갈등을 통해 자신의 감정을 솔직히 표현하고, 부모님과의 대화에서 조금 더 열린 마음을 가지게 된다면, 그녀의 삶은 더욱 풍요로워질 것이다.

갈등은 관계의 끝이 아니라 새로운 시작이다. 부모님 세대는 자신들의 삶에서 터득한 진리를 전하려 하고, 자식 세대는 새로운 관점을 제시하며 변화를 꿈꾼다. 이 두 세계가 충돌할 때, 서로 이해하고자 하는 노력이 없다면 대화는 단절되고 말 것이다. 하지만 타로는 우리에게 갈등 속에서 숨겨진 가치를 찾으라고 조언한다. 혜진 씨의 상황 역시 마찬가지다. 그녀가 부모님과의 갈등을 통해 자신의 성장과 내면의 평화를 찾아갈 수 있기를 바란다. 이 길은 쉽지 않을지라도, 그 끝에 있는 조화와 사랑은 분명 그녀를 기다리고 있을 것이다.

지민은 친구 요청을 거절하지 못한 채 끌려다녀요

지민은 항상 친구들의 부탁을 거절하는 데 어려움을 겪는다. 어느 날, 친구가 갑작스레 만날 시간을 요청했고, 지민은 이미 중요한 업무 일정을 잡아놓은 상태였다. 그러나 친구의 표정이 아쉬워 보이자, 지민은 그 요청을 받아들이기로 한다. 그 결과, 예정되어 있던 업무는 밀리고, 개인적인 시간도 부족해져서 지민은 점점 더 스트레스를 느끼게 되었다. 친구 부탁을 거절하지 못한 지민은 결국 자신을 돌보지 못하고, 계속해서 자신의 일정이 엉망이 되는 상황이 반복된다. 이로 인해 지민은 내면에서 불만이 쌓여가고, 점차 친구와의 관계에서도 균형을 잃어가는 듯한 느낌을 받는다.

타로 카드는 우리의 내면을 들여다보는 중요한 도구다. 그 중에서도 '친구의 요청을 거절하지 못해 자신의 일정이 계속 엉망이 된다'는 문제는 종종 타로 상담에서 나타나는 주제다. 사람들이 다른 사람의 기대에 부응하려는 마음에 자신의 필요와 계획을 뒤로 미루게 되는 경우가 많다. 이 에세이에서는 세 가지 타로 카드를 통해 이 문제를 다루며, 상담을 통해 어떻게 균형을 잡고 자신을 돌볼 수 있는지에 대해 살펴본다.

첫 번째로 등장하는 카드는 '힘'(Strength) 카드다. 이 카드는 강한 의지와 자기통제를 상징하며, 특히 내면의 강한 에너지와 인내를 요구하는 상황에서 나타난다. '힘' 카드는 내가 자신의 한계를 설정하고, 타인의 요구와 내 욕구 사이에서 균형을 잡을 수 있는 능력을 가진다는 메시지를 전달한다. 이 카드는 우리가 다른 사람의 부탁을 거절할 때 필요한 내적 힘을 상징한다. 친구의 요청을 거절하는 것이 어렵다고 느껴지더라도, '힘' 카드는 내가 할 수 있다는 믿음을 준다. 자신의 에너지를 남에게 넘기지 않고, 나 자신을 돌보는 것이 중요한 순간임을 알려준다. 결국, 우리는 다른 사람을 돕기 위해서도 자신을 먼저 챙길 필요가 있다.

두 번째로 등장하는 카드는 '소드3 역방향'(Three of Swords, Reversed) 카드다. 이 카드는 아픔과 상실을 의미하는 카드로, 역방향으로 나타나면 치유와 회복을 암시한다. 이 카드가 상담에 등장하는 이유는, 친구의 부탁을 거절하지 못하는 일이 결국 내 감정에 상처를 준다는 점 때문이다. 내가 나의 감정을 소홀히 하고 타인의 요구에 계속해서 응하다 보면, 결국 내 마음은 고통을 겪게 된다. 그러나 '소드3 역방향'은 이 상처가 치유될 수 있음을 시사한다. 내 마음의 아픔을 인정하고, 그것을 치료하는 과정이 필요함을 알려준다. 이 카드는 우리가 자신의 감정에 귀 기울이고, 자기돌봄을 통해 고통을 극복할 수 있다는 희망적인 메시지를 준다.

마지막으로 등장하는 카드는 '펜타클2'(Two of Pentacles) 카드다. 이 카드는 균형과 조화를 상징하며, 여러 가지 일을 동시에 처리하는 상황에서 중요한 역할을 한다. '펜타클2'는 여러 가지 책임을 지고 있을 때, 어떻게 균형을 잡을지에 대해 고민해야 한다는 메시지를 전달한다. 자신의 일정을 관리하는 데 어려움이 생기고, 친구의 부탁을 거절하지 못하는 상황은 '2개의 펜타클'이 말하는 균형을 맞추는 문제와 연관이 깊다. 이 카드는 내가 여러 가지 일을 조율하면서도 자신을 잃지 않도록 해야 한다는 중요한 교훈을 준다. 나는 내 일정과 감정을 조화롭게 관리하는 방법을 배워야 한다. 이를 위해, 나는 때때로 '거절'이라는 선택을 통해 나의 경계를 세울 수 있다.

이 세 가지 카드는 결국 모두 하나의 중요한 메시지를 전달한다. 타로는 내가 타인의 기대에 맞추는 것만큼, 스스로 자신을 돌보는 것이 중요함을 일깨운다. '힘' 카드는 내가 내면의 강인함을 발휘해 내 경계를 설정할 수 있다는 것을, '소드3 역방향'은 내 감정의 상처를 치유하는 방법을, '펜타클2'는 내가 여러 가지 책임을 잘 조율하는 법을 알려준다. 타로 상담을 통해 나는 다른 사람의 요구에 끊임없이 응답하는 것만큼, 스스로 자신을 돌보는 법도 배운다. 결국, 나의 일정을 지키고 자신을 존중하는 것은 타인과의 관계에서 나 자신을 잃지 않도록 돕는 중요한 단계이다.

대학졸업 후에도 독립을 못한 채 부모님에게 의지해 산다

한시윤은 대학 졸업 후, 부모님 집에서 생활하며 취업 준비를 이어가고 있다. 하지만 주변 친구들이 하나둘 독립하여 자립적인 삶을 꾸려가는 모습을 보며 자신이 뒤처진 것 같은 느낌을 받는다. 부모님은 한시윤의 상황을 이해하며 적극적으로 지원하지만, 그녀는 경제적으로 완전히 독립하지 못한 자신이 부끄럽다고 느낀다. 최근에는 자취방을 알아보며 무리를 해서라도 독립을 결심해야 하는지 고민하고 있다. 하지만 그녀는 새로운 환경에서의 경제적 부담과 혼자서 모든 것을 감당해야 한다는 두려움 사이에서 갈팡질팡하는 중이다.

한시윤의 고민은 다수가 공감할 수 있는 현실적인 문제이다. 대학 졸업 후 부모님과 함께 생활하며 취업 준비를 이어가고 있지만, 점차 주변 친구들이 하나둘 독립하여 자립적인 삶을 살아가는 모습을 보며 자신이 뒤처지고 있다는 생각이 들기 시작한다. 부모님은 한시윤의 상황을 이해하고 적극적으로 지원하지만, 그녀는 경제적으로 완전히 독립하지 못한 자신에 대해 부끄러움을 느낀다. 최근에는 자취방을 알아보며 무리를 해서라도 독립을 결심해야 하는지 고민하고 있지만, 경제적인 부담과 혼자서 모든 것을 감당해야 한다는 두려움 사이에서 갈팡질팡하고 있다. 이러한 고민 속에서 그녀가 마주한 타로 카드인 펜타클 4(Four of Pentacles), 소드 8(Eight of Swords), 펜타클 5(Five of Pentacles)는 그녀의 내면 깊은 곳에서 갈등하고 있는 감정들을 드러내고 있다.

 펜타클 4는 안정과 보안을 추구하는 마음을 나타내며, 지나치게 집착하거나 자신을 제한하는 경향이 있음을 보여준다. 한시윤은 부모님과 함께 살며 일정 부분 안정적인 환경에서 생활하고 있다. 부모님의 지원을 받으며 취업 준비에 집중할 수 있지만, 동시에 자신이 경제적으로 독립하지 못하고 있다는 점에서 내적 갈등을 느낀다. 펜타클 4는 한시윤이 현재의 안정감을 지나치게 중요하게 생각하며, 이로 인해 자신을 안전한 상태에 묶어두고 있다는 것을 암시한다. 그녀는 독립적인 삶을 꿈꾸지만, 그 과정에서 변화를 두려워하며, 지금의 안정적인 환경을 떠나는 것에 대한 불안감을 느낀다. 이 카드는 한시윤이 너무 안주하려는 마음이 강해져, 변화와 성장을 위한 용기를 잃고 있다는 것을 경고한다.

소드 8은 한시윤이 내면에서 겪고 있는 혼란과 제한적인 사고를 나타낸다. 이 카드는 '속박'과 '한계'를 상징하는데, 한시윤은 자신이 혼자서 모든 것을 감당해야 한다는 부담감에 사로잡혀 있다. 경제적인 독립에 대한 두려움과 새로운 환경에서의 불확실성에 대한 걱정이 그녀를 갇힌 상태로 만들고 있다. 소드 8은 이러한 두려움이 실제로는 그리 크지 않으며, 그녀가 스스로 만들어낸 제한적인 사고에서 벗어나지 못하고 있다는 점을 지적한다. 그녀는 자신을 속박하는 여러 가지 조건들을 실제로는 극복할 수 있지만, 두려움 때문에 그 벽을 넘지 못하고 있는 것이다. 이 카드는 한시윤에게 "당신이 만들어낸 감옥에서 벗어날 수 있다"고 말해주며, 스스로를 믿고 한 걸음 내딛을 용기를 가지라고 조언한다.

펜타클 5는 어려움과 결핍을 나타내는 카드지만, 그 속에서 성장을 위한 기회를 찾을 수 있음을 암시한다. 자취방을 찾고 독립을 결심하는 것 자체가 경제적으로 큰 부담이 될 수 있다는 사실을 알고 있는 한시윤은, 펜타클 5를 통해 자신이 처한 상황의 어려움을 인식하게 된다. 이 카드는 현실적으로 겪게 될 어려움을 숨기지 않지만, 동시에 그것이 단지 일시적인 결핍일 뿐이며, 어려움을 견뎌내면서 성장할 수 있다는 메시지를 담고 있다. 한시윤은 경제적 자립을 향해 가는 길에서 경제적인 문제와 혼자서 살아가는 데 대한 부담감을 느낄 것이다. 그러나 이 카드는 그녀에게 그 어려움 속에서도 배우고, 성장할 수 있는 기회가 있음을 전하고 있다. 펜타클 5는 "지금은 힘들어도 결국 이 모든 과정을 통해 더 강해질 것"이라는 희망의 메시지를 전하며, 그 과정이 필수적이라는 것을 일깨워준다.

한시윤의 고민은 단순한 경제적 독립을 넘어서, 자신이 과연 그 어려운 과정을 이겨낼 수 있을지에 대한 불안과 두려움에서 비롯된다. 하지만 타로 카드는 그녀에게 중요한 깨달음을 준다. 펜타클 4는 그녀가 지나치게 안정에 집착하지 말고, 변화와 성장을 받아들일 용기를 가지라고 말한다. 소드 8은 두려움에 굴복하지 말고, 자신이 스스로 만든 한계를 넘어서서 새로운 길을 열어가라고 조언한다. 펜타클 5는 그 길에서 마주칠 어려움이 결국 한시윤을 더 강하고 지혜로운 사람으로 만들어줄 것이라고 말해준다.

한시윤은 지금, 두려움과 혼란 속에서 중요한 결정을 내리려 하고 있다. 독립은 결코 쉽지 않은 선택이며, 많은 어려움을 동반할 것이다. 하지만 그 길을 선택하는 순간, 그녀는 자신을 더욱 깊이 이해하게 될 것이며, 결국 그 모든 과정을 통해 진정한 자립을 이룰 수 있을 것이다. 경제적인 독립이 단순히 외적인 변화만을 의미하는 것이 아니라, 그녀의 내면의 성장을 위한 중요한 발판이 된다는 것을 이해하게 될 것이다. 두려움과 불안은 잠시일 뿐이며, 그 뒤에는 더 큰 자유와 자아실현이 기다리고 있다. 한시윤은 이제 그 길을 갈 용기를 내야 한다.

남자 친구가 갑작스러운 출산을 거부하다

그녀는 30대 중반으로, 결혼을 계획하고 있던 남자 친구와 오랜 연애 끝에 임신 사실을 알게 되었다. 처음에는 함께 기뻐하던 남자 친구가 갑작스레 태도가 변하며 출산을 원치 않는다고 말했다. 남자 친구는 경제적 부담과 아직 준비되지 않았다는 이유를 들었지만, 그녀는 이 결정을 이해하기 어려웠고 깊은 배신감을 느꼈다. 두 사람은 이 문제로 계속 다투게 되었고, 그녀는 자신이 아이를 낳아야 할지, 남자 친구와의 관계를 지속해야 할지 혼란스러워하며 상담실을 찾게 되었다.

한 여성이 타로 상담실에 들어온다. 얼굴에는 깊은 고민의 흔적이 드리워져 있다. 그녀는 남자 친구가 갑작스럽게 출산을 거부한다고 고백하며, 그 결정이 자신에게 주는 충격과 상처를 털어놓는다. 이 상황에서 앞으로 나아갈 방향과 마음의 평화를 찾고자 타로 카드를 펼친다. 상담은 세 장의 카드를 통해 그녀의 상황을 탐구하고 해법을 모색한다.

첫 번째로 뽑은 카드는 '황후(The Empress)'이다. 이 카드는 풍요로움과 창조, 어머니의 에너지를 상징한다. 황후는 현재 그녀가 느끼는 모성 본능과 삶을 창조하고자 하는 깊은 욕망을 보여준다. 그녀는 아이를 통해 자신만의 세계를 확장하고 새로운 삶의 의미를 찾고 싶어 한다. 그러나 이 카드가 전하는 메시지는 그녀가 자신을 돌보는 데에도 주의를 기울여야 한다는 것이다. 상대방의 결정을 비난하기 전에 자신의 내면에 있는 감정을 정확히 이해하고 수용할 필요가 있다. 여황제는 그녀에게 성장의 기회를 주는 동시에, 관계에서 균형과 조화를 이룰 방법을 모색하라고 말한다.

두 번째로 나온 카드는 '오만과 낙심의 여정'을 암시하는 '펜타클5(Five of Pentacles)'이다. 이 카드는 두려움과 상실감, 외로움을 나타낸다. 남자 친구의 갑작스러운 결정은 그녀에게 깊은 실망과 두려움을 안겨준다. 그러나 이 카드가 전하는 또 다른 메시지는 희망과 연대의 가능성이다. 카드를 자세히 보면 인물들이 서로 의지하며 앞으로 나아가는 모습을 발견할 수 있다. 그녀가 이 시련을 혼자 감당하는 것이 아니라, 친구나 가족, 또는 신뢰할 수 있는 타로 상담사와 같은 지원체계를 통해 함께 극복할 수 있다는 신호로 읽힌다.

마지막으로 뽑은 카드는 '절제(Temperance)'이다. 이 카드는 균형과 중용, 인내를 상징하며, 현재 상황에 대한 조화로운 해결책을 제시한다. 절제는 그녀가 남자 친구와의 대화를 통해 서로 입장을 이해하고 공감할 수 있도록 유도한다. 또한, 그녀가 감정의 소용돌이 속에서 자신을 잃지 않도록 중심을 잡는 법을 알려준다. 이 카드는 그녀에게 자신과 상대방의 욕구를 모두 고려한 실질적이고 현실적인 방안을 찾으라고 조언한다. 긴장을 완화하고 갈등을 해결하는 과정에서 상대방의 마음을 변화시킬 여지도 있다는 가능성을 암시한다.

이 세 장의 카드는 그녀가 처한 상황을 다각도로 조명하고, 앞으로 나아갈 방향을 제시한다. 여황제는 그녀가 가진 내면의 힘과 생명력을 일깨우고, 펜타클5는 상처를 치유하고 희망을 찾는 방법을 보여준다. 절제는 그녀가 관계의 균형을 되찾는 데 필요한 실질적인 지침을 준다. 상담을 마친 그녀는 카드를 통해 자신의 감정을 더 명확히 이해하고, 새로운 희망을 품은 채 상담실을 나선다. 그날 그녀는 삶의 불안 속에서도 균형과 희망을 발견하는 여정을 시작한다.

자신에게 지나치게 집착하는 남친

정수연은 최근 남친과의 관계에서 심각한 갈등을 겪고 있다. 그녀는 한때 독립적이고 자유로운 삶을 꿈꾸었지만, 남친은 점점 더 그녀에게 의존하게 되었다. 매일 연락을 해야 하고, 그녀가 외출할 때마다 불안해하며, 자신의 시간을 온전히 쓸 수 없을 정도로 연인의 요구에 맞춰야 한다는 압박감을 느끼기 시작했다. 수연은 처음에는 이를 사랑의 표현이라고 생각했지만, 점차 자신의 일상과 꿈을 이루기 위한 시간마저 잃고 있다는 것을 깨닫게 되었다. 남친의 집착은 그녀의 개인적인 공간을 침해했고, 점점 더 그녀는 자신을 잃어가고 있는 기분을 느꼈다. 이 상황은 그녀에게 감정적인 고통을 안겨주었고, 결국 독립적인 삶을 되찾기 위한 방법을 모색하기 시작했다.

연인 관계에서 지나친 집착은 종종 한 사람의 독립적인 삶을 방해한다. 감정적으로 얽히고 서로 의존하게 되면, 두 사람은 각자의 성장과 자유를 제한하게 된다. 타로 카드를 통해 이 문제를 들여다보면, 감정적인 독립을 되찾고 자아를 회복하는 방법을 찾을 수 있다.

첫 번째 카드는 펜타클의 기사 (Knight of Pentacles) 카드이다. 펜타클의 기사는 신중함, 성실함, 책임감을 상징하는 카드로, 집착에서 벗어나 독립적인 삶을 찾기 위해서는 꾸준한 노력과 성실한 태도가 필요함을 나타낸다. 집착적인 관계에서 벗어나는 것은 단기간에 이루어지는 일이 아니다. 이 카드가 등장하면, 클라이언트는 자신의 감정을 차분히 다루고, 시간을 들여 독립적인 삶을 살아갈 준비가 되어야 한다는 메시지를 받는다. 펜타클의 기사는 현실적이고 안정적인 삶을 지향하는 카드로, 지나친 감정적 집착을 내려놓고, 자립적인 삶을 향해 한 발짝씩 나아가야 한다고 제시한다. 이 카드는 서두르지 말고 꾸준히, 그러나 확고하게 자신의 목표를 향해 나아갈 것을 권장한다. 감정적으로 의존적인 관계에서 벗어나려면 실질적인 계획과 책임감 있는 행동이 필요하다.

두 번째 카드는 소드5(5 of Swords) 카드이다. 소드5 카드는 갈등과 경쟁을 상징하는 카드로, 종종 감정적 충돌이나 불화를 나타낸다. 집착적인 관계에서는 종종 감정의 충돌이나 갈등이 발생하게 된다. 이 카드는 관계에서의 불균형과 갈등을 직시하게 한다.

소드5는 상대방과의 감정적 대립을 피할 수 없을 때 나타나며, 클라이언트에게 이러한 갈등을 해결하려면 감정적으로 분리되어야 한다는 메시지를 전한다. 이 카드는 또한, 때로는 불편하고 고통스러운 결정을 내려야 할 때가 있다는 것을 암시한다. 감정적으로 얽힌 관계에서 벗어나려면, 상처를 주고받으며 해결해야 할 갈등을 인정하고, 관계에서의 독립을 추구하는 것이 중요하다. 검의 5는 갈등을 통해 성장하고, 결국 자신만의 길을 가는 것이 필요하다는 교훈을 준다.

세 번째 카드는 컵9(9 of Cups) 카드이다. 컵9는 만족과 성취를 상징하는 카드로, 감정적인 독립과 자아 성취를 의미한다. 이 카드는 개인적인 성취와 행복을 찾은 사람을 나타내며, 자신이 원하는 삶을 살아가는 만족감을 느낄 수 있게 된다. 집착적인 관계에서 벗어나려면, 먼저 자신의 감정적인 욕구를 충족시키고, 자신에게 만족할 수 있는 삶을 살아야 한다. 컵의 9은 감정적으로 안정된 상태를 나타내며, 클라이언트가 자신의 내면의 요구를 충족시키고, 독립적인 삶을 살아가도록 돕는다. 이 카드는 독립적인 삶을 향한 목표를 이루는 데 필요한 감정적 만족을 찾을 수 있다는 희망을 전달하며, 결국 자신의 삶에서 진정한 행복을 찾을 수 있음을 시사한다.

이 세 카드는 집착적인 관계에서 벗어나 독립적인 삶을 찾기 위한 중요한 단서를 제공한다. 첫 번째 카드는 꾸준한 노력과 신중한 태도로 독립적인 삶을 향해 나아가야 함을 강조하며, 두 번째 카드는 갈등과 대립을 직시하고 감정적 분리를 시도하는 것이 중요함을 시사한다. 세 번째 카드는 자신의 감정을 만족시키고 독립적인 삶을 살아가는 길을 찾는 과정을 나타낸다. 이 세 가지 카드는 서로 보완적으로 작용하여, 집착에서 벗어나 감정적 독립을 찾을 수 있는 방법을 제시한다. 타로 상담을 통해 클라이언트는 자신의 내면을 돌아보고, 감정적인 자율성과 자아를 회복하는 방법을 찾을 수 있다. 결국, 진정한 독립은 외적인 환경에서 오는 것이 아니라, 내면의 안정과 자신에 대한 사랑에서 시작된다.

외모가 능력보다 중요한가

한 중소기업의 마케팅 팀에서 근무하는 30대 여성 A는 팀 내 중요한 광고 캠페인 프로젝트에서 배제되는 경험을 한다. 프로젝트 팀은 회사의 주요 고객사와 직접 협업하며 높은 가시성을 가진 업무였기에, 그녀는 이를 자신의 경력 발전의 기회로 여겼다. 그러나 팀장이 A에게 "프로젝트의 이미지에 어울리는 사람이 필요하다"며 배제를 통보한다. 이후 동료들 사이에서는 A의 외모와 관련된 뒷말이 돌기 시작했고, 그녀는 외모가 프로젝트 배제의 진짜 이유일 것이라고 느낀다. A는 이후 업무 능력에 대한 자신감까지 잃게 되었고, 팀원들과의 관계에서도 위축된 모습을 보이게 된다. 이런 상황은 그녀의 직장 생활뿐만 아니라 개인적 자존감에도 큰 영향을 미치며, 문제 해결의 실마리를 찾기 위해 타로 상담을 찾는 계기가 되었다.

어느 날, 한 여성 내담자가 상담실을 찾는다. 그녀는 중요한 프로젝트에서 배제되었다는 이야기를 시작으로 자신의 외모에 대한 부정적인 평가가 그 이유였을 것이라는 고백을 꺼낸다. 그녀는 프로젝트 팀에 합류하기 위해 적극적으로 준비하고 아이디어를 제안하며 노력했지만, 리더로부터 "프로젝트의 이미지와 어울리지 않는다"라는 애매한 피드백을 받았다. 동료들 사이에서는 그녀의 외모에 대한 소문이 돌았고, 이로 인해 본인의 능력조차 평가절하되는 듯한 느낌을 받았다고 한다. 이 상황에서 그녀의 자존감은 바닥을 치고, 자신의 가치를 의심하는 지경에 이르렀다. 나는 그녀의 이야기를 경청한 뒤, 문제를 좀더 깊이 들여다보기 위해 세 장의 카드를 뽑는다. 첫 번째 카드는 '황후(The Empress)', 두 번째 카드는 '컵5(Five of Cups)', 세 번째 카드는 '소드퀸(Queen of Swords)'이다.

'황후' 카드는 상담의 시작을 부드럽게 열어준다. 이 카드는 풍요로움과 자기 돌봄의 상징으로, 내담자가 자신을 보살피고 가꾸는 과정을 통해 자존감을 회복할 수 있음을 보여준다. 나는 그녀에게 묻는다.
"최근에 자신을 위해 어떤 시간을 보낸 적이 있나요?"
그녀는 한동안 자신을 위해 아무것도 하지 않았음을 깨닫는다. 여황제는 그녀에게 자신의 내적 가치를 되찾고, 외부의 평가가 아닌 자신의 기준으로 자신을 사랑하는 법을 가르쳐준다.

다음으로 등장한 '컵5' 카드는 내담자의 현재 상태를 명확히 비춘다. 이 카드는 상실감과 후회, 그리고 감정적 고통을 상징한다. 그녀는 배제된 상황에서 느낀 좌절감과 상처를 떠올린다. 그러나 나는 카드의 숨은 메시지에도 주목한다. 다섯 개 컵 중 세 개는 엎어져 있지만, 나머지 두 개는 여전히 서 있다. 이 카드가 전하는 것은 잃어버린 것에만 집중하지 말고, 남아 있는 가능성과 기회를 바라보라는 것이다. 나는 그녀에게 묻는다.

"지금 이 상황에서 배제되었지만, 여전히 잡을 수 있는 기회는 무엇인가요?"

그녀는 처음에는 답을 망설였지만, 동료들과의 관계나 다른 업무 영역에서의 성취를 떠올리며 조금씩 가능성을 발견해 나간다.

마지막으로 '소드퀸'이 나타난다. 이 카드는 이성적 판단과 명확한 소통을 상징하며, 내담자가 상황을 냉철히 분석하고 자신만의 목소리를 내야 함을 보여준다. 나는 그녀에게 자신이 처한 상황을 객관적으로 바라보는 연습을 제안한다. 또한, 그녀가 외모에 대한 비판을 내적으로 수용하지 않고, 자신의 능력과 가치를 더욱 부각할 수 있는 방식으로 표현하는 것이 중요하다는 점을 강조한다. 이 카드는 그녀가 자신의 이야기를 쓰는 데 필요한 지혜와 강인함을 상징한다.

세 장의 카드는 각각 다른 메시지를 담고 있지만, 결국 내담자가 자신의 상처를 치유하고 앞으로 나아갈 방향을 제시하는 데 함께 작용한다. 황후는 그녀에게 자기 돌봄의 중요성을, 컵5는 새로운 관점을, 소드퀸은 이성적 사고와 소통의 필요성을 알려준다. 상담의 마지막에 그녀는 더이상 외모라는 한정된 틀 안에서 자신의 가치를 평가하지 않겠다고 다짐한다. 그녀는 이제 자신을 소중히 여기고, 자신의 자리와 역할을 능동적으로 만들어나갈 준비가 되어 있다.

타로 상담은 단순히 점을 보는 행위가 아니라, 내담자의 내면을 들여다보고 삶의 방향성을 제시하는 과정이다. 특히, 외부로부터의 평가로 인해 자신을 잃어버린 사람들에게는 자신을 다시 발견할 수 있는 강력한 도구가 된다. 내담자가 상담을 통해 다시 자신만의 빛을 찾는 모습을 보며, 나는 타로의 깊이와 의미를 다시 한번 깨닫는다.

그녀의 여정은 이제 시작이다.

승진에서 밀린 김 과장, 남몰래 눈물을 훔치다

어느 평일 오후, 팀 미팅이 끝나고 상사가 모두를 모아놓은 자리에서 승진 발표를 한다. 얼마 전부터 인사고과와 실적, 대외 평가가 긍정적으로 돌아가며 김 과장은 내심 큰 기대를 걸고 있다. 지난 3년간 책임감 있게 프로젝트를 완수했고, 주말마다 회사 교육 프로그램을 통해 역량을 키웠다. 하지만 막상 발표가 나오자, 고개를 끄덕이며 축하받는 사람은 옆자리에 앉은 동료였다. 상사는 짧은 멘트로 동료의 기여도를 치켜세우며 그를 새 관리자로 임명한다. 승훈은 어색한 웃음으로 축하 인사를 건네지만, 식은땀까지 날 정도로 심경이 뒤틀린다. 지나온 노력과 꿈이 허공에 흩어지는 느낌이고, 돌아가는 동료들의 눈길 사이에서 초라해진다. 결국 빈 책상 앞에 앉아 자신이 무엇을 놓쳤는지 곱씹으면서, 서류들 사이로 몰래 눈물을 훔친다.

승진을 손꼽아 기다리는 사람이 있다. 꽤 오랜 시간 자리를 지키며 맡은 일을 성실히 해왔고, 그 결과가 어느 정도 예견된 듯한 확신을 가지며 차분히 소식을 기다린다. 그러나 눈앞에 펼쳐지는 결과는 예상과 다르다. 동료가 대신 승진하는 모습을 지켜보는 순간, 김 과장은 마치 공중에서 거꾸로 매달린 상태로 세상을 바라보는 듯한 낯선 감각에 휩싸인다.

이때 등장하는 타로 카드가 '메달린 사람(The Hanged Man)'이다. 이 카드는 단순한 패배나 좌절을 의미하지 않는다. 오히려 기존 가치관과 시각을 전복시키며, 무언가를 깨닫게 하는 지점에 멈춰 서는 상징이다. 지금까지 자신이 당연히 누릴 것이라 믿었던 인정과 승진이라는 결과는 쉽게 손에 쥐지 못한다. 대신 이 낯선 중단의 순간에 머물러야 한다. 마치 세상이 뒤집힌 채 고요히 정지한 순간, 김 과장은 내면 깊은 곳에서 삭아가던 생각들을 다시 들여다본다. 지금까지의 노력과 경력, 그리고 조직 안에서의 자신의 가치에 대해 새로운 각도에서 관찰한다. 이 정지 상태는 불안하지만, 동시에 불필요한 기대와 방심을 도려내며 다음 단계를 준비하는 시간이다.

그러나 진실을 받아들이는 과정은 결코 쉽지 않다. 뒤이어 나타나는 카드는 '컵5(Five of Cups)'이며, 이는 깊은 상실감과 후회를 머금는다. 이제 눈앞에는 엎질러진 컵들이 가득하다. 이 컵들은 한때 소중하게 여겼던 인정, 승진 기회, 그리고 미래에 대한 확신을 상징한다. 남들은 축하와 환호로 가득한 자리에서 빛나는 커리어 계단을 밟아올라가는 반면, 자신은 축 처진 어깨로 빈 잔을 바라보며 서 있다. 컵5는 이 상태에서 벗어나지 못한 채 과거의 기대를 아쉬워하고, 놓쳐버린 기회를 되씹게 한다. 왜 나에게는 승진이 오지 않는가? 왜 나의 노력은 제대로 평가되지 않는가? 이 질문들이 마음속에 맴돌며, 김 과장은 분노와 슬픔, 그리고 무력감 속에서 허우적거린다. 조금만 더 노력했더라면, 조금만 더 적극적이었더라면, 조금만 더 관계를 다듬었더라면 좋았을까 하는 후회가 가슴을 파고든다. 하지만 이 카드가 전달하는 핵심은 단지 탄식에 머무르지 않는다. 다섯 개 중 뒤집힌 세 개의 컵에만 시선을 고정하지 말라는 무언의 조언이 숨어 있다. 아직 뒤돌아보면 남아 있는 컵들이 존재한다. 그것은 앞으로 다시 세워나갈 가치를 상징하며, 지금 당장 아픔 속에 있더라도 이 감정을 통해 배울 수 있는 무언가가 있음을 암시한다.

그러나 아직 완전한 해답은 보이지 않는다. 실망한 가슴속에 차가운 바람이 불고, 주위 사람들의 축하 소리가 멀리서 희미하게 들릴 뿐이다. 이 상황에서 마지막으로 등장하는 카드는 '태양(The Sun)'이다. 이 카드는 태양의 밝은 광채로 어두운 그늘을 걷어낸다. 태양은 치유와 명료함, 그리고 새로운 시작의 에너지를 머금는다. 앞서 더 메달린 사람이 뒤집힌 관점에서 멈춰 서게 했다면, 이제 태양은 그 멈춤의 이유를 비추며 앞으로의 방향을 밝혀 준다. 컵5를 거치며 밑바닥의 아쉬움과 상실감을 충분히 느꼈다면, 이제는 고개를 들어 태양을 본다. 김 과장은 이 시점에서 깨닫는다. 승진 하나에 자신의 모든 가치가 결정되지 않는다는 사실을. 또한 실패처럼 보이는 이 상황이 결코 인생의 끝이 아니라는 점을 자각한다. 태양은 이 깨달음을 통해 마음을 정돈하고, 진정으로 의미 있는 목표를 새롭게 설정하도록 돕는다. 직장에서의 승진이 중요한 커리어 이정표일 수 있으나, 그 이정표를 놓쳤다고 해서 길의 끝이 아니다. 더 선의 빛 아래, 김 과장은 앞서 겪은 혼란과 후회를 하나의 경험으로 통합한다.

이제 김 과장은 태양 빛 속에서 자신을 다시 바라본다. 남을 탓하거나 자신의 부족함을 스스로 채찍질하던 태도에서 벗어나, 객관적이고 차분하게 다음 단계를 계획한다. 혹은 새로운 기술을 익히고, 다양한 영역에 도전하며, 자기 역량을 확장하는 과정을 시작한다. 태양 에너지는 긍정적인 마인드로 돌아설 수 있는 동력을 제공한다. 이 과정을 통해 거꾸로 매달려 바라본 세상의 진실, 컵5가 들춰낸 상처와 후회 모두가 더 높은 이해로 이어진다. 태양은 그 모든 과정을 끌어안아 하나의 완성된 그림으로 만든다.

궁극적으로 이 타로 상담은 의도하지 않은 멈춤, 상실, 그리고 치유의 3단계를 통해 김 과장을 성장시킨다. 뒤집힌 시선(메달린 사람) 속에서 자신을 재평가하고, 낭비된 기대(컵5) 속에서 진정한 욕구를 찾아낸 뒤, 마침내 밝은 빛(태양) 아래에서 새롭게 나아가는 전환점에 선다. 이렇게 세 장의 카드가 가리키는 길을 통해, 김 과장은 비록 승진이라는 한 발걸음을 놓쳤지만, 장기적 관점에서 훨씬 건강하고 단단한 커리어를 설계한다. 무너진 기대가 더이상 완전한 실패로 남지 않는다. 오히려 그 빈틈 사이로 흘러든 햇살이 마음을 따스하게 데우며, 앞으로의 삶에 희망과 동기를 부여한다. 이런 과정을 거쳐 김 과장은 비로소 깨닫는다. 뜻대로 되지 않은 순간조차 성장의 마중물이 되며, 자칫 영영 놓쳐버릴 뻔했던 자신의 가능성을 다시금 바라볼 수 있다는 사실을. 그리고 이 깨달음이야말로, 결국 자신을 더 큰 무대와 높은 수준으로 이끈다는 점을 인정한다. 다만 이제는 서두르지 않는다. 더 선의 밝은 빛이 길을 비추듯, 차분히, 천천히 앞으로 나아간다.

사업 자금이 부족해 월급을 주지 못하는 강 대표

강 대표는 3년째 운영 중인 소규모 스타트업을 이끌지만 최근 투자 유치 실패와 매출 부진으로 자금 흐름이 막힌다. 다음 달 월급 지급이 이미 한 주 이상 밀리고, 직원들은 조용히 수군거리며 불만을 키운다. 최근엔 마케팅 담당자인 김 과장이 회의 도중 공개적으로 월급 문제를 거론하고, 다른 직원들도 그 불만에 동조하는 모습이다. 강 대표는 미안한 표정으로 상황을 설명하지만, 직원들은 회사의 장래성에 의구심을 품고, 일부는 이직을 고민하기 시작한다. 대표와 직원 사이에는 미묘한 긴장감이 흐르고, 매일같이 부딪히는 현실적 어려움과 신뢰의 금이 간 관계 속에서 공감과 해법을 모색하는 대화가 시급해진다.

사업 자금이 부족해 직원들의 월급을 제때 지급하지 못하는 상황이 계속되고, 이로 인해 내부 갈등이 깊어진다. 이러한 상황 속에서 카드 세 장을 펼치면 가장 먼저 마주하는 것은 '탑(The

Tower)'이다. '탑' 카드는 현재 구조적 불안정성과 근본적 변화의 필요성을 드러낸다. 사업이 건실히 뿌리내린 것처럼 보이지만 내면에는 미세한 균열이 존재한다는 사실을 뜻한다. 외부적으로는 단지 재정적인 압박으로 보이지만, 실제로는 방향성의 재정립, 조직 문화의 재검토, 그리고 구성원 사이의 신뢰 회복 등 근본적 차원에서 다시 시작해야 하는 과제가 감지된다. '탑'은 단순히 파괴를 의미하지 않는다. 오히려 지금까지 쌓아온 구조 중 불필요한 부분을 깨뜨리고, 다시금 견고하게 다듬는 재생의 단초를 준다. 이 카드가 보여주는 이미지 속에서는 번쩍이는 번개가 어둠 속의 탑을 가르고, 그 탑에서 인물들이 떨어져나가는 장면이 있다. 이는 현재의 경영상황이 위기에 머물지 않고 반드시 변화의 출구를 모색해야 함을 상징한다. 강 대표는 이 상황을 외면하지 않고 정면으로 받아들이며, 안정적 기반을 재구축하는 과정에서 새로운 리더십을 고민한다.

두 번째로 펼쳐지는 카드는 '펜타클5(5 of Pentacles)'이다. 이 카드의 의미는 경제적 궁핍, 부족감, 그리고 외면받는 듯한 소외감을 담는다. 현재 직원들은 정당한 대가를 받지 못한다는 느낌 속에서 상실감과 불만을 품는다. 월급 지급이 늦어지고, 재정 압박을 눈앞에서 체감하는 직원들은 불안정한 재무 구조 속에 홀로 버려진 듯한 심정을 갖는다. '펜타클5'는 단순히 돈의 부족함을 말하는 것이 아니라, 그로 인한 심리적 결핍까지도 상징한다. 이는 단지 금전적 문제로 끝나지 않고, 인적 자산인 직원들이 신뢰를 잃고 관계가 흔들리는 현 상황을 정확히 반영한다. 강 대표는 이 카드 앞에서 무겁게 숙고한다. 단순히 자금을 돌려막거나 임시방편으로 사태를 덮는 것이 아니라, 구성원들의 정서적 상처에도 귀 기울여야 한다는 점을 깨닫는다. "펜타클5'가 보여주는 추운 거리 위의 두 인물처럼, 지금의 직원들은 지원과 배려를 갈망한다. 강 대표는 자신이 단지 자본의 흐름만이 아닌 구성원의 마음까지 돌봐야 하는 책임을 진다는 사실을 인식한다.

마지막으로 등장하는 카드는 '펜타클6(6 of Pentacles)'이다. 이 카드는 궁극적으로 균형 잡힌 분배와 상호 보완적 관계를 회복한다는 메시지를 전한다. 펜타클6은 공평하게 나누어질 수 있고, 가운데 서 있는 인물은 두 손에 저울을 들고 필요한 이에게 적절히 지원을 베푼다. 이는 곧 재정 상태가 단단해지고, 그 토대 위에서 신뢰를 회복하는 과정을 보여준다. '펜타클6'은 단지 돈을 나누는 행위를 넘어, 조직 내부의 자원과 에너지를 올바른 흐름으로 재조정하는 의미를 담는다. 강 대표는 이 카드를 통해 직원들에게 다시금 동등한 파트너로서의 존중을 실천할 수 있는 길을 찾는다. 적은 자금이라도 투명한 소통과 합리적 분배를 통해 불만을 줄이고 상생의 방향으로 나아간다. 이 과정에서 강 대표는 설령 당장은 풍족하지 않더라도, 조금씩 상황을 개선함으로써 직원들이 자신의 노력과 기여도가 정당하게 평가받는다는 확신을 줄 수 있다. '펜타클6'은 한 발 한 발 앞으로 나아가는 과정에서 균형 감각을 잃지 않을 것을 강조한다.

이 세 장의 카드가 테이블에 놓인 순간, 상담 분위기는 무겁지만 동시에 무언가를 다시 시작하려는 미묘한 활력이 감돈다. 지금까지의 재정 압박과 직원들의 원망 어린 시선은 단순히 "돈이 없다"라는 말로 끝나지 않는다. '탑'이 구조적 변화를 촉구하고, '펜타클5'가 그 변화의 필요성을 인간적 차원에서 다시금 깨우치며, '펜타클6'이 그 변화의 방향성을 공정한 분배와 상호 신뢰 회복으로 제시한다. 이 흐름 속에서 강 대표는 현재 진행 중인 상황을 피할 수 없는 성장통으로 바라본다. 변화는 불편하다. 하지만 '탑'은 변화의 무거움을 직면할 용기를 주고, '펜타클5'는 그 속에서 잃어버린 가치를 되찾기 위한 자각을 이끌며, '펜타클6'은 결국 새로운 방식으로 자원을 나누고 관계를 재정립하는 결실을 암시한다.

이러한 통찰은 지금 당장 해결책을 보장하지 않는다. 그러나 타로의 메시지는 단순한 해결책이 아니라 방향성과 마음가짐을 제시한다. 강 대표는 뒤늦게나마 자신이 놓쳤던 것들을 돌아보고, 탑에서 무너진 돌들을 하나씩 추스르며 기반을 다진다. 그 과정에서 직원들의 목소리에 귀 기울이고, 부족한 재원을 보완할 현실적인 방안을 강구한다. 신뢰를 되찾는 일은 시간과 노력, 투명한 소통을 필요로 한다. 조금씩 내부 체계가 합리적으로 재편되고, 직원들은 자신들의 노동이 제대로 된 가치를 인정받는다는 안도감을 갖게 된다. 결국 '탑'의 불안정함은 깨끗이 정리되어 보다 견고한 기초로 이어지고, '펜타클5'의 혹한은 연대와 이해를 통한 난관 극복의 여정으로 전환되며, '펜타클6'의 평형추는 균형 잡힌 상호 협력의 관계로 재정립된다.

이 상담은 단순히 점괘로 끝나지 않는다. 카드에 담긴 메타포는 강 대표와 직원 모두에게 서로 바라보는 시선을 바꿀 기회를 준다. 강 대표는 모든 것이 무너지는 듯한 순간에 오히려 새로운 시선을 획득한다. 직원들은 자신의 가치를 알아주는 리더십을 마주하며, 조직은 다시금 제자리에서 숨을 고른다. 작은 변화는 언제나 불안정함 속에서 움튼다. 세 장의 카드는 이 위기 속에서도 희망의 씨앗을 보여준다. 재정적 어려움이라는 현실을 인정하되, 그 속에서 조직의 본질적 가치를 지키고, 새롭게 재정비하며, 균형 있는 나눔과 신뢰 회복을 향해 나아가는 과정이 필요하다. 이로써 타로 상담은 갈등의 골을 메우고 더 단단한 기반을 다지는 내면의 노력과 그 방향성을 제시한다. 결국, 카드에 반사된 현실은 성장의 토양이 된다.

배우자가 우울증으로 인해 부부 관계가 악화되다

아내는 최근 몇 달간 이유를 명확히 알 수 없는 무거운 우울감에 사로잡혀 있다. 아침마다 침대에서 일어나기를 어려워하고, 외출은커녕 집안일에도 의욕을 느끼지 못한다. 남편은 그런 아내를 도우려 하지만, 그녀는 타인의 도움을 고맙게 받아들이기보다는 마치 비난이나 의무감으로 느끼며 더욱 움츠러든다. 대화는 자꾸만 어긋나고, 예전엔 따뜻했던 식탁 위의 작은 이야기마저 무겁게 가라앉는다. 남편은 애써 농담을 던지거나 밖으로 산책이라도 나가자고 권유하지만 아내는 고개를 젓고, 더 깊은 침묵 속으로 스며들 듯 방 안에 틀어박힌다. 시간이 지날수록 두 사람 사이에는 쌓이지 않았던 불신과 답답함이 자리잡기 시작하고, 예전엔 이해나 공감으로 넘겼을 작은 언쟁들이 이제는 날카로운 가시처럼 서로 찌른다. 결국 부부는 같은 공간에 살면서도 서로가 이방인이 된 듯한 거리감을 느끼며, 문제 해결의 실마리를 찾지 못한 채 하루하루를 보내고 있다.

부부 관계가 흔들리는 상황에서 부부가 마주하는 현실은 고요한 방 안을 가득 채우는 무거운 공기처럼 답답하다. 아내는 우울증으로 인해 자신의 내면에 함몰되고, 남편은 그 어두운 심연 속에서 상대를 끌어내려는 손길이 닿지 않는 듯한 무력감에 빠진다. 둘 사이를 이어주던 대화의 끈은 점차 약해지며, 서로 마주 바라보는 눈빛에는 예전처럼 부드러운 빛이 어린 웃음 대신 불안과 멀어짐의 기운이 스며든다. 이러한 부부 관계의 악화는 단순히 우울이라는 개인의 문제를 넘어, 두 사람의 결속 자체를 시험하는 깊고 낮은 음영이 된다.

이러한 상황에서 펼쳐진 타로 카드 상담 테이블 위에는 세 장의 카드가 놓인다. 첫 번째로 드러나는 카드는 메이저 아르카나인 '달(The Moon)'이다. 달빛 아래 펼쳐지는 세상은 분명한 형태를 지니지 않는다. 부부 관계가 혼탁해진 이유는 무엇일까. 달 카드는 아내의 내면에 쌓인 불안정한 감정의 층을 보여준다. 우울증은 구체적인 이유를 명료히 드러내지 않는 안개 같은 상태이고, 이 안개 속에서 남편은 확신을 잃는다. 서로가 진짜 하고 싶은 말은 무엇인지, 마음 속 상처는 얼마나 깊은지, 미래에 대한 두려움은 어디서 기인하는지 명확히 알 수 없는 상황이 지속된다. 달 카드는 이러한 불분명한 감정의 어두운 터널을 상징한다. 이 상태에서 부부는 각자의 내면을 제대로 바라보지 않은 채 불안의 바다 위를 부유한다.

두 번째로 펼쳐지는 카드는 마이너 아르카나 중에서도 고통과 상처를 의미하는 '소드3(Three of Swords)'이다. 이 카드는 말 그대로 예리한 칼날이 심장을 관통하는 듯한 상처를 상징한다. 아내가 겪는 우울증과 그로 인해 깊어지는 소통 부재는 관계의 중심부를 찌르고, 시들어가는 애정과 실망감이 남편 가슴 한가운데를 파고든다. 대화는 빈약해지고 오해는 쌓인다. 두 사람은 애써 외면하려 하나, 관계 안에 서서히 맺히는 상처는 결코 쉽게 아물지 않는다. 감정의 예민한 날카로움은 때때로 비난과 울분으로 표출되며, 서로 보호하고자 하는 마음마저 무감각한 공허로 퇴색된다. 소드3은 이 관계가 어떤 식으로든 진정한 치유가 필요함을 절박하게 알린다. 이 상처는 시간이 지난다고 자연히 사라지지 않는다. 그저 숨기거나 외면하는 것으로는 부족하다. 감정의 칼끝을 빼내고 흐르는 피를 닦으며 치유하는 과정이 필요하다.

그러나 절망만이 있는 것은 아니다. 세 번째로 나타나는 카드는 두 사람의 영혼을 다시 연결할 수 있는 실마리를 품은 '컵2(Two of Cups)'이다. 이 카드에서는 두 인물이 서로 바라보며 각각의 컵을 건네는 장면이 떠오른다. 컵은 감정과 정서를 상징하고, 두 사람이 컵을 교환한다는 것은 감정의 흐름을 나누는 것을 의미한다. 우울증으로 굳게 닫힌 마음의 문 뒤에는 여전히 진실한 감정의 흐름이 존재한다. 진심 어린 대화, 서로 향한 배려, 그리고 상대의 상태를 있는 그대로 수용하는 태도가 필요하다. 컵2는 불안과 상처를 품은 부부 관계에도 회복의 가능성이 있다는 사실을 드러낸다. 이것은 단순히 다시 사랑에 빠지는 것이 아니라, 감정을 진솔하게 교류하고 온전한 이해 속에 함께 서는 것을 의미한다. 눈물로 얼룩진 시간 뒤에도 서로 눈동자에 담긴 따스한 빛이 다시 번질 수 있다.

이 세 장의 카드가 펼쳐지는 장면은 마치 한 장의 에세이 같으며, 부부가 지나온 시간과 앞으로 걸어갈 길을 한눈에 보여준다. 달 카드는 감정의 불분명함과 불안정함 속에서 길을 잃은 모습이다. 소드3은 그로 인해 생긴 상처와 심장의 통증을 상징한다. 하지만 마지막 컵2는 결코 잊지 말아야 할 희망과 소통의 가능성을 조심스럽게 제시한다. 부부는 서로 내면을 조명하는 대화를 통해 감정의 흐름을 다시 순환시킬 수 있다. 여전히 우울증은 난해하고 무거운 짐이지만, 두 사람은 공감과 이해를 통해 이 짐을 분담할 수 있다. 흩어진 감정의 조각을 모으는 과정은 시간이 걸리지만, 컵2가 보여주는 진정한 교감은 상처에 진정제를 뿌리듯 두 가슴을 서서히 덥힌다.

부부는 이제 테이블 위에 놓인 세 장의 카드가 던지는 메시지를 곱씹는다. 달이 비추는 어둠 속에서, 감정의 칼끝이 찌른 상처

위에서, 여전히 따뜻한 교감의 가능성은 살아있다. 우울증은 이들을 둘러싼 안개 같은 존재이지만, 이 안개를 걷어내는 과정에서 서로 진심 어린 표현이 필요하다. 불안정한 심리 상태가 남편을 밀쳐내는 듯 보이지만, 사실 내면 깊은 곳에는 나를 이해해주기를 바라는 소망이 움트고 있다. 대화의 통로를 다시 열고, 마음의 문을 조심스럽게 두드리며, 억눌린 감정을 천천히 표현하는 과정이 중요하다. 마치 달 카드의 흐릿한 실루엣이 서서히 분명해지듯, 부부 관계는 새로운 언어, 다른 방식의 친밀함으로 피어난다.

소드3의 상처는 지워지지 않는다 해도, 그 위에 흐르는 시간과 정서적 친밀함은 흉터를 아름다운 흔적으로 바꿀 수 있다. 그리고 컵2는 그 흔적을 품은 부부가 서로 컵을 부딪히며 새롭게 맺는 결속을 상징한다. 우울증이 둘 사이를 갈라놓기만 하는 것이 아니라, 오히려 깊은 이해와 부드러운 용서를 통해 한 단계 성숙한 관계로 재탄생하는 계기가 될 수도 있다. 부부는 이제 어둠 속에서 피어나는 희망의 빛을 포착한다. 이것은 기적적인 반전이 아니라, 서로 믿고 인정하는 마음이 차곡차곡 쌓여가며 형성되는 변화이다. 이 변화는 카드를 통해 드러나며, 그 카드들이 던지는 묵직한 상징은 공허한 침묵 속에서도 대화를 다시 시작하게 한다. 결국 부부는 마음속에 진실한 음성을 불러내고, 그 음성은 서로에게 가닿는다.

자신의 종교적 신념이 회사 문화와 충돌한다

정은이는 대기업 마케팅팀에서 2년째 근무하고 있다. 회사는 매달 팀원 간 친목을 도모하고 새로운 프로젝트 아이디어를 공유하는 의미로 주말 워크숍을 연다. 하지만 이 워크숍은 자주 종교적 색채가 담긴 의식이나 특정 신념을 기반으로 한 행사로 채워져 있으며, 상사는 모두가 적극적으로 참여하기를 기대한다. 정은이는 자신의 종교적 신념상 이러한 의식에 동참하는 것을 불편하게 느끼며, 윗선으로부터 '팀 플레이어'로 인정받기 위해 종교적 가치를 어느 정도 희석해야 한다는 압박감을 받는다. 팀원들은 이 불편함을 이해하지 못하고, 특정 문화나 신념을 자연스럽게 받아들이지 않는 정은이를 무언의 비판적 시선으로 바라보며 거리감을 유지한다. 결국 정은이는 종교적 신념과 회사 내 기대 사이에서 갈등하며, 업무 환경에 적응하기 위한 선택지들이 조여 오는 상황에 직면한다.

아침 햇살이 창문 너머로 스며들며 사무실 공기를 가볍게 감싼다. 하지만 정은이는 자신의 종교적 신념이 회사 문화와 부딪히는 순간, 그 공기는 무겁게 가라앉는 듯한 기운을 내뿜는다. 화려한 경력과 성실한 근태로 단단히 쌓아올린 업무적 성취에도 불구하고, 내부 깊숙한 곳에서 들려오는 불편한 음성이 귓가를 맴돈다. 다른 사람들이 자연스럽게 웃고 대화를 나누는 자리에서, 종교적 신념으로 인해 입술을 닫고 고개를 떨어뜨려야 하는 상황은 내면의 긴장을 불러일으킨다. 타협이 불가능해 보이는 순간, 타로 카드 한 장 한 장을 펼치며 내면의 의미를 조용히 되짚는다. 지금 눈앞에 놓인 카드 세 장은 바로 '교황(The Hierophant)', '탑(The Tower)', 그리고 '펜타클 3(Three of Pentacles)'이다.

교황 카드는 전통과 신념, 그리고 내면의 가치를 상징한다. 이 카드가 자리 잡는 순간, 정은은 자신의 종교적 철학과 생활 원칙이 얼마나 중요한지를 일깨워준다. 회사 내에서는 자칫 구시대적이라고 여겨질 수도 있고, 변화와 트렌드를 강조하는 문화 속에서 '전통'이란 단어는 때때로 고루하게 들린다. 그러나 교황 카드는 그 오래된 가치관이 오히려 삶의 뿌리이자 나침반임을 보여준다. 정은의 종교적 신념은 단지 사고방식이 아니라, 생의 지도이며 도덕적 기준점이다. 이 카드를 통해 현재 맞닥뜨리고 있는 문제는 결국 자신의 정체성과 신앙을 어떻게 업무 환경에 융화시킬 수 있는

가에 대한 질문임을 깨닫는다. 이 질문은 쉽지 않다. 주변인들이 공유하지 않는 신념을 지키는 것은 혹독한 시험지 같다. 그러나 교황은 그러한 믿음이 결코 쉽게 흔들리지 않는 견고한 기반임을 상기시킨다.

하지만 그다음 펼쳐진 탑 카드는 불안과 파열, 붕괴의 에너지를 내뿜는다. 회사라는 구조물 안에서, 정은의 종교적 신념은 때로 날카로운 금이 되어 점차 균열을 일으킨다. 상사의 눈초리, 동료들의 암묵적 기대, 팀원들의 무언의 합의 속에서, 신념을 고수하는 일은 마치 높은 탑 위에서 아슬아슬하게 서 있는 것과 같다. 탑 카드는 예고 없이 찾아오는 충돌을 의미한다. 불편한 미소 뒤에 감춰진 불만, 다소 억지스러운 행사 참여, 신념을 무시하는 듯한 회사 분위기 등이 한꺼번에 무너져 내릴 수도 있음을 시사한다. 이 파열의 순간은 괴롭고 혼란스럽다. 종교적 신념이 송두리째 부정당하는 듯한 분위기 속에서, 정은은 신념을 지킬 것인가, 아니면 더 유연하게 타협할 것인가라는 기로에 선다. 이때 탑 카드는 이러한 파멸의 에너지가 궁극적으로 불필요한 것을 제거하고, 더 단단한 토대를 만들기 위한 과정임을 알려준다. 삶의 구조물 중 부조화로운 부분이 붕괴될 때, 그 잔해 속에서 진짜 중요한 것과 진정 원하는 것이 무엇인지 분명해진다.

마지막으로 나타나는 펜타클3 카드는 협업, 이해, 그리고 공동의 성장 가능성을 암시한다. 혼란과 균열 뒤에도 사람과 사람 사이에는 배우고 나누는 기회가 존재한다. 회사 문화가 특정 가치관을 강조하고 있을 때, 정은의 종교적 신념이 전혀 다른 시선과 음색을 불러올 수도 있다. 펜타클 3은 그런 차이점 속에서도 새로운 협업의 가능성을 이야기한다. 서로 다른 신념을 가진 구성원이 힘을 합하면, 더 탄탄하고 창의적인 결과물이 탄생한다. 물론 이 과정은 부드럽지만은 않다. 교황의 준엄한 원칙과 탑의 혼돈을 겪은 후, 펜타클3은 갈등 속에서도 함께 일하는 법을 터득하는 지혜를 선사한다. 서로 가치관을 배척하는 대신, 그 차이를 재료로 삼아 새로운 문화적 혼합물을 빚어낸다면, 정은과 조직 모두가 성장한다. 신념을 강요하는 대신 열린 대화를 나누는 방식을 모색하고, 합의를 강요하기보다 상대의 가능성을 믿는 태도를 기르면, 종교적 신념과 회사 문화는 대립에서 융합의 방향으로 나아간다.

이러한 과정에서 정은의 내면은 서서히 변화한다. 처음에는 고집스럽게 자기 신념을 지키는 일에만 치중한다. 하지만 탑의 파열 이후, 부서진 구조물 속에서 굳건히 남은 신념의 알맹이를 확인한다. 기존 체계가 흔들리고, 내면에서조차 흔들림이 생길 때, 진정한 자신의 목소리가 어떤 형태를 띠는지 명확해진다. 그 후 펜타클3을 통해 공동의 장을 마련하고, 자신의 신념을 완전히 감추거나 포기하지 않은 상태로 동료들과 협조적인 관계를 구축한다. 이는 자신의 정체성을 훼손하거나 타협하는 것이 아니라, 서로 다른 울림을 가진 종소리가 공존하는 하나의 합주를 만드는 과정이다. 이처럼 종교적 신념과 회사 문화의 충돌은 성숙한 협력을 향한 디딤돌이 될 수 있다.

이 세 장의 카드는 결국 고립된 고집과 순응 사이에서 제3의 길을 모색하는 여정을 보여준다. 교황이 신념의 근간을 붙들고, 탑이 부딪혀 무너져내리는 순간을 통과한 뒤, 펜타클3은 상호 존중과 호혜적인 노력으로 새로운 질서를 세우는 경험을 선물한다. 이는 단순히 내면의 평화를 찾는 것에서 그치지 않는다. 회사라는 공동체 내에서 한 개인이 자신의 종교적 신념을 조화롭게 표현하는 순간, 다른 이들의 시선도 조금씩 넓어진다. 단순히 신념이 다른 사람을 불편하게 만들거나, 혹은 어떤 '때로는 불필요한 것'으로 간주되는 대신, 정은 개인의 신념은 회사 조직에 새로운 가치와 다양성을 불어넣는다. 이렇게 형성되는 열린 문화는 모두에게 이득이 된다. '필연적 충돌'은 더이상 필연적이지 않고, '불편한 타협'은 더이상 유일한 해답이 아니다. 서로 다름을 인정하는 분위기 속에서, 신념과 문화가 엮여 하나의 직조물을 형성하는 과정은 자연스럽게 흘러간다.

궁극적으로, 종교적 신념이 회사 문화와 충돌하는 상황은 결코 간단하지 않다. 하지만 타로 카드 세 장이 내보이는 이야기 속에서, 신념은 자신을 고립시키지 않는다. 오히려 흔들림 속에서 의미를 되짚고, 여럿이 함께 일하는 장을 통해 개인과 조직이 함께 성장한다. 교황은 신념의 근간을 붙들며, 탑은 불안정한 요소를 허물고, 펜타클3은 재건과 협력의 가능성을 보여준다. 결국 이 과정은 단순히 이질적인 두 영역의 경계를 짓는 것이 아니라, 그 경계를 재해석하고 경계를 넘어서는 상호 이해의 길을 닦는 일이다. 회사 한편에서는 부드러운 대화의 실마리가 흘러나오고, 다른 한편에서는 종교적 신념이 초라하게 숨지 않고 당당히 빛난다. 이런 과정을 거쳐 신념의 탑 앞에서 새롭게 맞잡은 손들은 누구의 것이든 더 따뜻하고 부드러우며, 그 온기 속에서 개인과 조직은 함께 성숙한다.

청년창업지원금, 하지만 경기 불황으로 폐업 위기

민정이는 청년창업지원금을 받아 서울 변두리의 작은 골목에 카페를 열었다. 대학 졸업 직후 따스한 분위기와 품질 좋은 커피로 사람들의 마음을 어루만지겠다는 꿈을 안고 시작한 이 가게는 처음 몇 달간은 괜찮은 매출을 올렸다. SNS 이벤트를 통해 빠르게 단골을 확보하고, 지역 주민과 직장인들에게 사랑받았던 시절도 있었다. 하지만 반 년이 지나면서 인근 상권을 뒤덮은 경기 불황이 거세게 몰아쳤고, 손님들의 발길은 하루가 다르게 줄어들었다. 지원금으로 마련한 원두와 장비를 꾸준히 돌려도, 빈 테이블이 늘어나는 것을 막기엔 역부족이었다. 이러다가는 결국 문을 닫을 수밖에 없나 하는 두려움과 초기 목표를 놓고 싶지 않은 마음이 갈등하는 가운데, 그는 마감 후 텅 빈 카페 한구석에 앉아 내일을 고민한다.

청년창업지원금을 받아 조그만 카페를 열었던 민정의 마음속

풍경은 어느새 희미한 안개 속을 서성인다. 경기 불황이라는 외부 조건은 마치 차가운 바람처럼 문틈을 비집고 들어와, 한때 분주하던 실내를 텅 빈 의자들과 식은 커피 향기로 채운다. 그 앞에서 민정은 처음 이곳을 꾸며나갈 때 가슴 설레던 순간을 떠올린다. "이 공간에서 사람들에게 온기와 휴식을 제공하겠다"는 다짐은 옛 기억으로 바래지고, 이제는 "폐업"이라는 무거운 단어가 귓가를 맴돈다. 이렇듯 흔들리는 현재를 마주하며, 그는 타로 상담 테이블에 앉는다. 카드 더미를 차분히 섞는 타로리더의 손길이 한 번, 두 번 공기를 가르자, 세 장의 카드가 차례로 고개를 든다. 은둔자(The Hermit), 컵 5(Five of Cups), 그리고 마술사(The Magician)가 민정이의 이야기를 조용히 응시한다.

첫 번째로 등장하는 '은둔자' 카드는 깊은 내면을 탐색하는 과정, 세상의 소음 속에서 홀로 서서 길을 찾는 조용한 구도자 정신을 보여준다. 은둔자가 홀로 어둠 속을 걸으며 손에 든 등불 하나에 의지하듯, 민정이도 현재 상황을 비추는 한 줄기 빛을 스스로 발견해야 한다. 경기 불황이라는 환경에 불려 다니며 흘러가는 대로 두는 것이 아니라, 왜 이곳에서 계속 버티고자 하는지, 무엇을 위해 커피를 내리고자 했는지, 그 본질을 다시 살펴볼 때이다. 은둔자는 바깥 세계의 변동성이 클수록, 내면의 철학과 신념이 더욱 중요해진다고 속삭인다. 민정은 지금까지 늘 바쁜 일상 속에서 손님들의 반응이나 매출 수치에만 집중했을지도 모른다. 그러나 은둔자는 이 순간, 매출 그래프 너머에 자리한 진정한 의미를 되짚으라고 조용히 권한다. 이 길을 걸으며 그는 자신의 목소리를 듣는다. 남들이 주는 평가나 자본 논리에만 이끌리는 것이 아니라, 한 잔의 커피로 전달하고 싶었던 감정, 이 공간이 지니는 가능성에 대해 차분히 사유한다.

이어지는 '컵 5'는 잃어버린 것들에 대한 안타까움을 비추는 상징이다. 엎질러진 잔에서 흐르는 액체처럼, 이제까지 투자하고 노력해온 시간과 자원, 그리고 기대감이 허무하게 땅으로 스며드는 모습을 닮았다. 이 카드 앞에서 민정은 허탈감을 느낀다. 그는 지원금으로 장만한 고급 원두, 아늑한 분위기를 만들려고 직접 고른 가구, 처음 문을 열던 날을 축하하던 주위 사람들의 응원을 떠올린다. 지금은 그 모든 것이 무색해진 듯한 기분이 든다. 컵 5는 이 순간의 감정, 상실감, 후회를 솔직하게 드러내지만, 동시에 "아직 뒤에 남은 잔 두 개"를 암시한다. 이는 곧 "아직 놓치지 않은 기회"를 의미한다. 지나간 것은 되돌릴 수 없지만, 남아있는 가능성은 새롭게 가꿀 수 있다. 엎어진 컵들에만 시선을 고정하면 절망감에서 헤어나기 어렵다. 민정은 남아있는 두 잔, 즉 아직 포기되지 않은 자원과 관계, 열정, 그리고 잠재적 아이디어를 발견해야 한다. 상실을 인정하되, 그것이 전부가 아님을 깨닫는 데서 변화의 단초가 생긴다. 컵 5는 "잃은 것들을 슬퍼하되, 남은 것들로부터 다시 시작하라"고 조용히 속삭인다.

마지막으로 모습을 드러내는 '마술사' 카드는 기회를 현실로 만들어내는 능동적 에너지를 상징한다. 마술사는 탁자 위에 놓인 네 가지 상징(펜타클, 컵, 칼, 지팡이)을 통해 어떤 가능성도 창출해내는 창조성을 보여준다. 은둔자가 내면을 살피고, 컵 5가 상실 속에서 남은 희망의 잔을 바라보게 했다면, 이제 마술사는 그 희망을 행동으로 옮기라고 요청한다.

마술사는 말한다.

"네 안에 이미 필요한 도구들이 있다. 단지 활용하는 법을 바꿔보는 것이 필요하다."

민정은 현재의 불황에 맞서 전통적 마케팅에서 벗어나 새로운 아이디어를 실험할 수 있다. 기존에 단지 커피를 판매하던 단순한 영업 방식을 넘어, 이곳을 소규모 전시 공간이나 로컬 예술가, 음악인과 협업하는 문화의 장으로 변모시킬 수도 있다. 혹은 온라인 배송 서비스나 특별한 구독 멤버십을 도입하는 식으로 경기 침체에 맞선 차별화 전략을 세울 수도 있다. 마술사는 "무엇을 할 것인가"에 대한 질문에 답하는 카드다. 단순히 기다리거나 후회하는 것이 아니라, 스스로 미래를 빚어내는 주체가 되어야 한다는 의미를 담는다.

이렇듯 은둔자, 컵 5, 마술사의 조합은 절망 속에서도 내면의 진가를 다시 꺼내 보이고, 가능성을 감정적·실질적으로 회복하며, 마침내 행동력으로 전환하는 과정 전체를 그린다. 은둔자는 포화된 시장 논리와 외부 평가에서 벗어나 홀로 생각하는 힘을 불어넣는다. 이 과정에서 민정은 처음 카페를 열 때 품었던 비전, 사람들에게 전하고 싶던 메시지, 잔잔한 교류 속에서 피어나는 삶의 따뜻함을 되새긴다. 컵 5는 이 채찍질 속에서 빛바랜 기대를 마주하게 하고, 그럼에도 남아 있는 희미한 빛들을 놓치지 않도록 돕는다. 예를 들어 몇몇 단골손님은 여전히 이곳의 커피를 좋아하고, SNS를 통해 근처에서 열리는 행사와 연계한 프로모션을 구상할 수도 있다. 아직 다 닫히지 않은 문들을 볼 수 있는 눈을 키우는 것이다. 마지막으로 마술사는 이 발견들을 실제로 구현하는 단계로 인도한다. "이제 어떻게 할 것인가?"라는 질문 앞에서 행동을 촉구하며, 민정이 가진 재능과 열정을 전략적으로 배치한다. 서비스 품질 향상, 협업 파트너 발굴, 새로운 상품 개발, 커뮤니티 이벤트 기획 등 세부적인 실천들을 통해 이제 막 싹트는 씨앗을 실제 결실로 이어간다.

이로써 타로 상담의 세 장의 카드는 단순한 점괘가 아니라, 삶을 바라보고 재편성하는 한 편의 이야기로 완성된다. 은둔자가 제안한 내면의 재발견, 컵 5가 강조한 슬픔 속 남은 가능성의 인식, 그리고 마술사가 촉구하는 창의적 실천이 어우러져 민정은 다시금 자신감을 되찾는다. 불황이라는 외적 압력 속에서도 스스로 길을 만들고 개척할 수 있음을 깨닫는 순간, 마술사의 탁자 위에 놓인 도구들은 더이상 장식품이 아니라 실제 변화의 촉매제가 된다.

상담을 마치고 카페로 돌아가는 길, 공기는 여전히 차갑다. 하지만 이제 그의 내면에는 작은 등불이 켜져 있다. 무엇을 향해 나아갈지 모호했던 그 순간을 지나, 지금은 은둔자의 고요한 사유를 거쳐 컵 5 뒤편에 남아있는 희망의 잔을 확인하고, 마술사의 용기 있는 손길로 그 잔을 다시 채우려 한다. 때로는 외부 환경에 맞설 수 없는 한계를 느낄 수도 있지만, 이 카페는 이제 새로운 질문과 창의적 해결책을 준비한다. 사람들은 언젠가 이곳에 들러 각기 다른 사연을 품은 커피를 한 모금 머금으며, 이 공간이 어떻게 다시 살아났는지 궁금해할 것이다. 그때, 민정은 미소를 지으며 답할 것이다.
"내면을 들여다보고, 잃은 것 속에서 남아 있는 가능성을 찾으며, 마침내 나 스스로 변화를 만드는 마술사가 되었다고."

오랜 구직활동으로 자존감이 떨어지고
사회적 관계가 결여된다

오랫동안 취업 준비를 해온 명수는 지난 1년간 수십 개의 이력서를 보냈지만 번번이 서류 전형에서 탈락하거나 면접 기회조차 얻지 못한다. 시간이 지날수록 자기 자신이 쓸모없는 존재라는 생각이 점점 짙어지고, 아침에 일어나서 컴퓨터 앞에 앉는 일조차 큰 부담이 된다. 예전에는 친하게 지내던 친구들과 가끔 연락하고 모임에도 나갔지만, 반응이 없는 지원들과 되풀이되는 고독감 속에서 사람들과 만나는 게 어색해진다. 친구들의 연락을 받고도 대화를 이어가는 방법을 모르겠고, 새로이 관계를 시도하려 해도 자신감이 바닥나 몸이 굳는다. 이제 명수는 혼자 지내는 시간이 늘어나고, 소셜 미디어를 둘러봐도 타인의 성공만 강조된 화면 속에서 스스로를 더욱 초라하게 느끼며 고립감이 깊어진다.

오랜 구직활동에 빠져드는 동안, 시간은 마치 멈춘 것처럼 느껴진다. 매일 보내는 지원서, 간헐적으로 돌아오는 형식적 거절 메일, 바뀌지 않는 반복의 늪에서 고개를 든 자존감 상실감이 점점 짙어진다. "나에게 가치가 있는가?"라는 질문은 머리맡을 떠나지 않고, 이로 인해 사회적 관계는 희미한 그림자처럼 멀어진다. 누구에게 말을 걸어야 할지, 어떤 식으로 자신의 어려움을 털어놓아야 할지 알 수 없다. 오랜만에 연락한 친구에게는 단절의 어색함이 느껴지고, 새로이 관계를 맺는 시도조차 부담스럽게 다가온다. 이렇게 자존감이 낮아지고 사람들과의 연결이 끊긴 듯한 상황에서 세 장의 타로 카드가 조용히 나타나 나아갈 방향을 가리킨다.

첫 번째 카드는 매달린 남자(The Hanged Man)이다. 이 카드는 모든 것이 일시 정지된 듯한 상태, 움직이지 않는 시간의 문턱을 상징한다. 허공에 매달린 모습은 마치 지금의 명수 상황을 닮아 있다. 수많은 회사에 문을 두드렸음에도 아무런 진전이 없고, 개인적 가치를 재확인할 기회는 줄어들어 자신에게 점점 실망하게 된다. 매달린 남자는 이러한 정지 상태가 단순한 낭비나 패배가 아니라, 관점을 전환하는 계기임을 제안한다. 이 느리게 흐르는 시간 동안 주변 소음에서 벗어나 내면을 깊이 들여다볼 수 있고, 기존의 사고방식을 완전히 반대로 뒤집어볼 수 있다. "왜 내가 이토록 불안해하는가?" "어째서 관계 맺기가 두려워졌는가?" 하는 질문을 던질 때, 매달린 남자는 답을 강요하지 않는다. 대신 모든 것을 잠시 멈추고 다른 시선으로 지금을 바라보라고 명수에게 조용히 권한다. 이 멈춤은 정체가 아니라 재해석의 시간이다.

두 번째 카드는 완드 5(Five of Wands)이다. 이 카드는 내면과 외면에서 벌어지는 갈등과 충돌을 보여준다. 오랜 구직활동으로 인해 낮아진 자존감은 내부에서 명수 자신을 끊임없이 비판하게 한다. "너는 다른 사람들보다 능력이 부족하다." "아무도 너를 필요로 하지 않는다." 이러한 부정적 목소리가 명수 머릿속에서 서로 뒤엉키면서, 마음속은 일종의 전쟁터가 된다. 완드 5는 또한 외부 환경에서도 경쟁의 장면을 강조한다. 마치 일자리를 놓고 수많은 지원자들이 뒤섞여 진흙탕 싸움을 벌이듯, 명수는 확인되지 않은 패배감 속에서 허우적댄다. 이 카드는 '갈등이 곧 끝이 아니다'라는 메시지를 내포한다. 충돌은 성장의 과정이며, 자신을 더 선명하게 인식하게 한다. 명수 자신이 진정 원하는 것이 무엇인지, 무엇을 가치 있다고 여기는지 확인하는 과정은 종종 혼란과 마찰을 동반한다. 완드 5는 이 불협화음을 회피하지 말라고 말한다. 오히려 이 갈등의 한가운데서 명수가 어떤 사람인지, 앞으로 어떤 태도로 이 세상에 맞설 것인지 재정립한다. 그러다 보면 내면의 소란이 가라앉고, 밖에서 벌어지는 경쟁 또한 단순한 패배나 승리의 문제가 아니라, 명수가 걸어갈 길의 한 부분임을 깨닫게 된다.

마지막 카드는 펜타클 10(Ten of Pentacles)이다. 이 카드는 풍요로운 공동체와 탄탄한 유대, 안정된 기반을 의미한다. 오랜 시간 홀로 버티며 자존감을 잃어가던 명수는 이제 매달린 남자의 관점 전환을 거치고, 완드 5의 충돌과 성장 과정을 통과함으로써 새로운 눈으로 세상을 바라본다. 펜타클 10은 마치 오랜만에 다시 만난 가족이나 믿을 수 있는 친구들, 또는 새롭게 형성된 커뮤니티 속에서 환한 웃음과 응원을 주고받는 장면처럼 다가온다. 이 카드는 명수 혼자서 모든 것을 해결해야 한다는 부담감을 내려놓고, 서로 어깨를 맞대며 성장할 수 있음을 상기시킨다. 명수가 필요로 하는 것은 소속감이고, 서로 인정하는 관계들이다. 펜타클 10이 등장하는 것은, 지금까지의 불안과 단절감이 그냥 흘려보낸 시간이 아니었음을 보여준다. 그 긴 정지 상태를 통해 명수가 진정 원하는 가치가 드러나고, 내부 충돌을 거치며 쌓은 내면의 힘이 관계 회복에 도움을 준다.

이 세 장의 카드는 결코 단순한 나열이 아니다. 매달린 남자는 멈춤 속에서 신선한 통찰을 가능케 하고, 완드 5는 충돌을 통해 진정한 자아를 찾아내는 시험대로 기능한다. 그리고 펜타클 10은 마침내 이 과정을 바탕으로 사람들 사이에 안정된 토대를 구축하고, 풍부한 관계적 성취를 이뤄낸다. 결국 오랜 구직활동으로 침체되었던 자존감과 끊어진 듯한 사회적 관계는 이 카드를 통해 재해석된다. 한 발짝 물러나 흐름을 바꿔보는 시도, 내면 갈등에 정면으로 대면하는 용기, 그리고 궁극적으로 사람들 속에서 얻는 안정감이 다시금 명수를 일으켜 세운다. 이 과정은 결코 헛되지 않다. 긴 터널 끝에서 빛나는 것은 단순히 취업의 성취가 아니라, 내면 깊은 곳에 자리 잡은 진정한 가치와 사람과의 유대, 그리고 그것이 주는 확고한 자기 확신이다. 그렇게 나는 어둡고 혼란스러웠던 시간의 강을 건너, 새로운 의미와 관계의 흐름 속으로 자연스럽게 들어선다.

아이를 낳아야 하는데 경제적 부담이 큰 지수 씨

지수 씨는 30대 후반의 직장인 여성으로, 결혼한 지 5년째지만 아이를 낳을 결정을 내리지 못하고 있다. 그 이유는 주로 경제적인 부담 때문이다. 안정된 직장을 다니고 있지만, 현재의 수입으로는 자녀를 양육하는 데 드는 비용을 감당할 자신이 없다. 또한, 집값 상승과 생활비 증가로 인해 늘어나는 지출에 대한 불안이 커져만 갔다. 주변에서 자녀를 가진 친구들이 경제적인 어려움을 토로하는 모습을 보며, 그녀는 아이를 낳는 것이 과연 올바른 선택인지 고민이 깊어졌다. 아이를 갖고 싶다는 마음은 있지만, 현실적인 경제적 문제로 인해 계속 미루게 되는 상황이 반복되고 있다.

아이를 낳고 양육하는 문제는 단순한 결정보다 더 깊은 내면의 고민을 동반한다. 경제적 부담은 특히 부모가 되는 것을 주저하게 만드는 큰 요인 중 하나다. 경제적인 준비 없이 아이를 낳는 것은 현실적으로 어렵다는 생각에 많은 이들이 고민을 한다. 지수 씨의 경제적 압박과 부모됨에 대한 고민을 풀어가는 과정에서 나타날 수 있는 세 장의 카드를 통해 지수 씨 내면의 갈등과 해결의 실마리를 찾아보고자 하였다.

첫 번째로 나온 카드는 '교황' 카드이다. 교황은 전통과 신뢰, 규범을 상징하는 카드로, 사회적 기대와 규칙에 대한 순응을 나타낸다. 이 카드는 지수 씨가 느끼는 경제적 부담이 단순히 개인적인 차원을 넘어, 사회적 책임과 전통적인 가치에 대한 압박에서 비롯된 것임을 시사한다. 교황은 지수 씨에게 부모가 되는 것에 대한 사회적 기대와 그에 따른 경제적 준비가 중요하다는 인식을 전달한다. 지수 씨는 자녀를 낳기 위해서는 안정적인 재정적 기반을 마련해야 한다는 생각에 묶여 있는 것 같다. 하지만 교황은 동시에 이러한 전통적인 가치와 규범이 때로는 자신에게 과도한 부담을 주기도 한다는 점을 일깨운다. 자신의 내면에서 오는 사회적 책임과 기대의 틀을 재조정할 필요가 있음을 암시한다.

두 번째로 나온 카드는 '소드 5' 카드이다. 소드 5는 갈등과 경쟁을 상징하는 카드로, 자아와 외부 세계 사이에서의 충돌을 나타낸다. 이 카드는 지수 씨가 겪고 있는 심리적 갈등을 명확하게 보여준다. 경제적인 부담이 개인적인 두려움과 맞물려 심리적인 긴장을 일으키고 있다. 자녀를 낳고 양육하는 데 필요한 비용을 생각할 때, 현실적인 어려움과 두려움이 혼재되어 있다. 소드 5는 이러한 갈등이 단기적으로 해결되지 않을 수 있음을 시사하지만, 결국에는 타협과 조화를 찾아야 한다는 메시지를 담고 있다. 이 카드는 내면의 싸움과 외부 압박을 해결할 수 있는 방법이 반드시 존재한다고 말하며, 지수 씨가 그 문제를 해결하는 힘을 스스로 가지고 있다는 점을 알려준다.

마지막으로 나온 카드는 '펜타클 4' 카드이다. 펜타클 4는 안정과 보호를 상징하는 카드로, 자산의 축적과 보유를 나타낸다. 이 카드는 지수 씨가 경제적 안정에 대해 극단적인 집착을 가지고 있을 수 있음을 보여준다. 지수 씨는 물질적인 여유가 없다면 부모가 되는 것 자체가 불가능하다고 생각할 수 있다. 펜타클 4는 이러한 물질적인 안정감을 추구하지만, 때때로 지나친 집착은 삶의 다른 측면에서 자유롭지 못하게 한다는 경고를 담고 있다. 경제적 안정이 중요하지만, 그 안정이 전부가 아니라는 점을 이해하는 것이 필요하다. 펜타클 4는 지수 씨에게 물질적인 풍요 외에도 다른 형태의 안정과 풍요가 존재할 수 있음을 알린다. 자녀를 낳고 양육하는 과정에서 물질적 준비 외에도 마음의 준비와 서로에 대한 믿음이 중요함을 깨닫게 한다.

이 세 장의 카드는 지수 씨가 겪고 있는 경제적 부담과 부모됨에 대한 두려움을 풀어가는 중요한 열쇠를 제공한다. 교황은 사회적 가치와 기대를 중요시하되, 그에 지나치게 얽매이지 않도록 하라는 메시지를 전달하고, 소드 5는 갈등을 해결하고 내면의 균형을 찾아가야 한다고 경고한다. 마지막으로 펜타클 4는 물질적 안정만큼 중요한 것이 정서적 안정과 신뢰임을 일깨운다. 경제적 부담을 넘어서, 부모가 되는 것에 대한 진정한 의미를 깨닫고, 물질적 준비가 전부가 아니라는 깨달음으로 새로운 길을 열어갈 수 있을 것이다.

남친이 다른 여자를 만나면서 폭력을 행사하다

    수지는 3년 동안 연애를 이어온 남자 친구에게 깊은 사랑을 느끼고 있다. 그러나 어느 날, 남자 친구가 다른 여자를 만나면서 그 관계가 변하기 시작한다. 처음에는 작은 거리감이 느껴졌지만, 점차 그가 연락을 피하는 일이 잦아졌다. 수지는 불안감을 느끼며 이유를 물었으나, 남친은 대수롭지 않게 넘어갔다. 어느 날 수지는 우연히 그가 다른 여자와 함께 있다는 사실을 알게 된다. 그 사실을 확인한 후, 수지는 분노가 치밀어 그에게 직접 따져 물었고, 그 순간 남자 친구는 수지에게 폭력을 행사한다. 물리적인 폭력뿐만 아니라, 언어적 모욕과 감정적 학대도 이어진다. 큰 충격을 받은 수지는, 자신을 사랑했던 사람이 왜 그랬는지 이해할 수가 없다. 폭력과 배신으로 깊은 상처를 입은 그녀는 스스로 어떻게 치유할 수 있을지 고민하며, 과거의 관계에서 벗어나야 한다는 것을 점차 깨닫기 시작한다.

타로 상담은 우리가 감정적으로 깊이 얽혀 있는 문제들을 풀어내고, 그 속에서 치유와 성장을 찾을 수 있는 길을 제시한다. 이 상담에서 수지는 그 상처를 치유하고, 상처를 통해 성장할 수 있는 방법을 찾기 위해 세 장의 카드를 선택한다.

첫 번째로 등장하는 카드는 '악마'(The Devil) 카드다. 악마 카드는 억압과 중독, 그리고 우리가 자신에게 가한 구속을 상징한다. 이 카드는 수지가 관계에서 경험한 폭력과 배신이 단지 외적인 행동만이 아니라, 그로 인해 자신에게 가한 심리적인 구속과 얽힘이 깊다는 것을 나타낸다. 수지는 그동안 자신을 무시하고 희생하며, 타인의 욕구를 우선시한 결과, 스스로 억누르고 상처를 입었다. 악마 카드는 수지가 자신을 자유롭게 하기 위해, 어떤 억압적인 패턴과 관계를 벗어나야 한다는 메시지를 전한다. 이 카드는 또한 수지가 자신의 감정적, 정신적 구속을 깨고 진정한 자유를 찾을 때가 되었다는 경고의 신호다. 수지는 이 카드를 통해 과거의 상황을 직시하고, 자신을 풀어내는 데 필요한 힘을 찾기 시작할 수 있다.

두 번째 카드는 '컵 8'(Eight of Cups) 카드다. 컵 8은 감정적인 이별과 떠남을 나타내며, 수지가 과거의 상처와 감정에서 벗어나 새로운 길을 모색해야 할 때 등장한다. 이 카드는 수지가 감정적으로 고통스러운 관계에서 더이상 머물지 않도록 이끌어준다. 수지는 배신과 폭력으로 인해 상처를 입었고, 이 카드는 이제 그 관계를 떠나야 한다는 결단을 촉구한다. 컵 8은 단순히 물리적으로 떠나는 것뿐만 아니라, 그 관계에 얽매여 있던 감정적인 부분도 풀어내야 한다는 중요한 메시지를 담고 있다. 수지는 이 카드를 통해 그동안 끌어안고 있던 감정적인 짐을 내려놓고, 자기 자신을 위한 새로운 출발을 할 준비를 할 수 있다.

마지막 카드는 '힘'(Strength) 카드다. 힘 카드는 내면의 강함과 인내, 자기통제의 능력을 상징하며, 수지가 상처를 극복하고 자기 자신을 회복할 수 있는 내적 자원을 가지고 있음을 알려준다. 수지는 과거의 상처와 배신으로 인해 크게 흔들렸을 수 있지만, 힘 카드는 감정을 절제하고, 내면의 안정과 평화를 찾아가는 길을 제시한다. 이 카드는 수지가 스스로 돌보고, 자기 사랑을 회복하는 과정에서 큰 힘을 발휘할 수 있도록 돕는다. 힘 카드는 또한 수지가 고통 속에서도 부드럽고 따뜻한 마음으로 자신과 타인을 대할 수 있다는 가능성을 열어준다. 수지는 이 카드를 통해 자신의 강인함을 인식하고, 상처를 치유하는 데 필요한 모든 힘을 내면에서 끌어낼 수 있다.

'악마', '컵 8', 그리고 '힘' 카드는 수지가 경험한 감정적인 상처와 고통을 치유하는 과정에서 중요한 지침을 제공한다. 악마 카드는 수지가 자신을 억누르고 있던 패턴과 중독적인 관계에서 벗어나야 한다는 경고를 보내며, 컵 8은 그 관계에서 감정적으로 떠날 수 있는 용기를 제공한다. 마지막으로, 힘 카드는 수지가 내면의 강함을 찾아 상처를 극복하고, 자기 자신을 회복하는 데 필요한 에너지를 제시한다. 이 세 장의 카드는 수지가 상처를 치유하고, 자신의 자아를 자유롭게 되찾는 여정에서 중요한 역할을 하며, 결국 더 강하고 독립적인 자아로 다시 태어날 수 있게 돕는다.

길어지는 연애, 하지만 결혼 자금이 막막하다

    김지현과 박민수는 5년을 넘게 사귄 연인이다. 그들은 서로 사랑하며 결혼을 결심했지만, 현실적인 문제에 부딪혔다. 민수는 안정된 직장에 다니고 있지만, 최근 경제적 어려움으로 대출 상환에 어려움을 겪고 있다. 지현은 프리랜서로 일하며 수입이 불규칙한 상황이다. 두 사람은 결혼을 위해 주택을 마련해야 하는데, 현재의 재정 상황으로는 결혼 자금을 마련하는 것이 막막하다. 지현은 결혼식을 위한 예산도 부족하고, 민수는 결혼 후 안정적인 생활을 위한 계획이 부족한 상황에서, 두 사람은 어떻게든 이 문제를 해결해야 한다는 압박감을 느끼고 있다. 이들은 결혼을 준비하는 과정에서 현실적인 고민과 불안에 시달리고 있지만, 서로에 대한 사랑과 신뢰로 문제를 해결하고자 한다.

    결혼은 두 사람이 함께 새로운 삶을 시작하는 큰 전환점을 의미한다. 하지만 그 시작에는 많은 현실적인 고민이 따르며, 그중에서도 주택 마련이나 결혼 자금과 같은 경제적인 문제는 큰 부담으로 다가온다. 사랑하는 사람과 함께 행복한 미래를 꿈꾸는 동안, 두 사람은 경제적 현실에 부딪히게 된다. 이런 상황에서 타로 카드는 어떤 통찰을 제공할 수 있을까? 김지현과 박민수의 결혼 준비와 관련된 고민을 풀어보기 위해 세 장의 카드를 선택해 보았다.

첫 번째로 등장한 카드는 '죽음' 카드이다. '죽음'은 변화와 끝맺음을 상징하는 카드로, 새로운 시작을 위한 구체적인 변화를 요구한다. 결혼을 준비하면서 이전의 생활 방식을 과감히 바꾸고, 새로운 삶을 맞이하려는 결단이 필요하다. '죽음' 카드는 현재의 불안정한 상태에서 벗어나기 위해서는 구체적인 결단과 변화가 필요하다는 메시지를 전달한다. 이 카드가 나타날 때는 기존의 재정적 문제를 해결하기 위해 더이상 미루지 말고 과감한 결정을 내리라고 촉구한다. 예를 들어, 결혼 자금 마련을 위한 계획을 세우거나, 불필요한 지출을 줄여 나가는 실질적인 변화가 필요하다.

두 번째로 나타난 카드는 '검의 기사' 카드이다. 이 카드는 결단력과 빠른 행동을 상징하며, 위기를 직면했을 때 적극적으로 대응하라는 메시지를 전한다. 결혼 준비 과정에서 예상치 못한 어려움이나 불확실성이 발생할 수 있지만, '검의 기사'는 그것을 해결할 수 있는 능동적인 태도를 요구한다. 돈 문제나 주택 마련에 대한 고민이 클 수 있지만, 이 카드는 두 사람에게 빠르게 문제를 해결할 수 있는 방법을 모색하고, 단호한 결정을 내리도록 독려한다. 경제적인 문제는 기다리거나 미루는 것이 아니라, 지금 바로 행동으로 옮겨야 해결된다는 것을 상기시킨다.

마지막으로 등장한 카드는 '펜타클의 8' 카드이다. 이 카드는 열심히 노력하고 꾸준히 발전해 나가는 과정을 상징하는 카드로, 재정적인 안정과 성취를 이루기 위해서는 꾸준한 노력과 시간이 필요하다는 것을 알려준다. '펜타클의 8'은 두 사람이 장기적인 재정 계획을 세우고, 이를 꾸준히 실천하는 것이 결혼 자금 마련에 도움이 될 것이라고 조언한다. 이 카드는 결혼 준비가 한 번에 이루어지는 것이 아니라, 지속적인 노력과 시간이 필요하다는 현실적인 경고를 전한다. 두 사람은 작은 목표부터 차근차근 이루어나가며, 재정적 안정을 점차적으로 쌓아가야 한다.

이 세 장의 카드는 김지현과 박민수의 결혼 준비에 대한 현실적인 조언을 담고 있다. '죽음' 카드는 변화를 두려워하지 말고, 기존의 재정적 어려움을 해결하기 위한 결단을 내리라고 경고한다. '검의 기사'는 위기 상황에서도 능동적으로 대응하며 빠르게 문제를 해결하라고 촉구한다. 마지막으로 '펜타클의 8'은 성실함과 꾸준함을 통해 경제적 안정과 결혼 자금을 마련하라는 메시지를 전한다. 이 세 카드는 두 사람에게 결혼 준비를 위한 실질적인 전략을 제시하고, 마음의 준비를 할 수 있도록 돕는다. 결혼은 사랑만으로 이루어지는 것이 아니며, 두 사람이 함께 현실적인 문제를 해결하고 나아가야 하는 중요한 과정임을 상기시킨다.

열심히 살아도 나아질 기미가 없는 미래

　회사에 다닌 지 3년째 되는 종호는 매일 아침 같은 시간에 출근해 주어진 업무를 꼼꼼히 처리하고, 퇴근 후에는 자기계발을 위해 영어 회화 수업에 참여한다. 주말에는 새로운 기술 습득을 위해 온라인 강의를 듣고, 틈나는 대로 운동을 통해 몸과 마음을 단련해 보지만, 돌아오는 것은 늘 비슷한 평가와 승진 대상자에서 제외되는 반복된 실망뿐이다. 주위 동료들은 어떻게든 앞서 나가거나 새로운 기회를 잡아 올라서는 것처럼 보이는데, 정작 그는 아무리 노력해도 별다른 변화를 느끼기 어렵다. 여기에 곧 맞이할 프로젝트 변화와 회사 내 조직 개편은 미래에 대한 불안감을 더욱 증폭시키고, 결국 종호는 "이대로 계속 노력해도 정말 나아질 수 있을까?"라는 의문에 사로잡혀 지쳐가고 있다.

　종호의 지금 상황은 눈앞에 놓인 현실이 제자리걸음만 하는 듯한 답답함 속에서, 아무리 애써도 결과가 뚜렷이 개선되지 않는 듯한 불안감으로 가득 차 있다. 노력의 크기와 상관없이 미래에 대한 불안이 커지고, 그에 따라 마음은 점점 지쳐간다. 이때 타로 카드 세 장이 종호 앞에 펼쳐진다. 완드 5(5 of Wands), 소드 기사(Knight of Swords), 그리고 절제(Temperance)가 나타난다.

우선 완드 5는 내면에 일어나는 끊임없는 갈등과 불협화음을 상징한다. 지금 종호 상황은 단순히 외부 환경이 나쁜 것이 아니라, 스스로 경쟁하듯 부딪히는 내면의 소란을 품고 있다. 완드 5는 자신과 주변의 목표, 가치, 의지들이 충돌하며 방향을 쉽게 잡지 못하는 상태를 보여준다. 마음속에는 더 잘해내야 한다는 압박감이 있고, 동시에 이 길이 맞는지 확신하기 어렵다. 이 카드가 등장한다는 것은 지금 겪는 불안과 좌절감이 어느 정도 필연적임을 시사한다. 무언가를 이루기 위해 치열하게 고민하는 과정에서 발생하는 불협의 소음은, 어쩌면 '앞으로 나아가기 전 반드시 거쳐야 하는 과정'이라는 뜻일 수도 있다.

다음으로 소드 기사는 맹렬한 의지와 날카로운 사고력을 가지고 달려나가는 인물로 등장한다. 이 카드는 역동적인 추진력과 변화를 일으키는 강렬한 에너지를 상징한다. 불안한 미래에 대해 소극적으로 움츠러드는 것이 아니라, 날 선 지성으로 상황을 분석하고 즉각적으로 움직일 준비가 된 모습을 보여준다. 소드 기사는 여기서 "더이상 머뭇거리지 말고, 명확한 판단을 내려 결단하라"는 메시지를 종호에게 건넨다. 아무리 현실이 어둡게 보이더라도, 단지 기다리며 불안해하는 것만으로는 나아지지 않는다. 오히려 새로운 전략을 짜고, 날카로운 통찰력으로 문제를 관찰하며, 빠르고 명확한 액션을 취하는 태도가 미래를 바꿀 가능성을 만들 수 있다. 여기서 중요한 점은 이 카드가 단순히 무턱대고 돌진하라는 것이 아니라, 이성적 판단을 바탕으로 능동적으로 대처하라는 의미를 담고 있다는 것이다.

마지막으로 절제(Temperance)가 등장한다. 절제는 균형, 조화, 인내, 그리고 조율의 힘을 강조한다. 이 카드는 극단으로 치닫지 않고 상황을 부드럽게 조화시키는 역량을 보여준다. 완드 5의 혼란스러운 에너지와 소드 기사의 날카로운 추진력 사이에서, 절제는 그 힘들을 조율하고 한데 녹여내는 지혜를 제안한다. 불안정한 현실과 치열한 노력이 맞부딪히는 가운데, 절제는 지나친 기대나 초조한 마음을 가라앉히고 균형 잡힌 태도를 찾도록 한다. 너무 급하게 변화하려고 애쓰거나, 반대로 너무 움츠러들지 않고, 지속 가능한 리듬을 형성하며 상황을 다듬어 나가는 과정이 필요하다. 이 카드는 두 극단의 흐름을 중간에서 부드럽게 혼합하여, 현재의 문제가 단순히 고정된 막다른 길이 아니라, 시간을 두고 서서히 잡혀 나갈 수 있는 과정임을 시사한다.

결국 이 세 카드가 함께 나타나는 것은 결코 절망적이라는 의미를 담지 않는다. 오히려 지금의 불안과 고민은, 치열한 내면의 충돌(완드 5)을 통해 자신을 성장시키고, 날카로운 사고와 전략적 행보(소드 기사)로 현실에 능동적으로 대처하며, 그러한 과정 속에서 점진적이고 균형 잡힌 변화(절제)를 모색하라는 의미가 된다. 현재는 힘들게 느껴지지만, 이 셋의 조화를 통해 불안을 품은 채로도 앞으로 나아가는 길을 찾을 수 있다.

다시 말해, 이 타로 조합은 큰 변화가 당장 눈앞에 없더라도 성급하게 결론 짓지 말라는 조언을 종호에게 건넨다. 마음속의 소란을 지나 상대적으로 차분한 시야를 얻고, 그 시야로 냉철하게 전략을 세우며, 조화와 인내심을 바탕으로 한걸음씩 내딛는다면, 지금 불안하게만 보이는 미래도 서서히 안정된 형태로 재편된다. 이 과정은 마치 언젠가 숙성될 와인을 기다리는 것과 같다. 지금의 혼란과 불안은 성장의 일부이며, 시간과 노력, 그리고 지혜로운 조화를 통해 그 불안은 점차 희미해지고, 결국 미래에 대한 두려움은 차분한 확신으로 바뀐다. 이 조합은 종호가 지금 겪는 불안 자체가 잘못된 것이 아니라, 더 나은 내일을 위한 밑거름이 될 수 있음을 시사한다.

주변의 친구들에게 느끼는 열등감이나 패배감

미영은 오랜만에 대학 동창 모임에 참석한다. 모임 장소는 세련된 레스토랑이고, 친구들은 다들 한 단계씩 앞서나간 듯한 삶을 살고 있다. 어느새 대기업에 입사해 자리 잡은 친구, 유학을 다녀와 유명한 디자인 스튜디오에 스카우트된 친구, 벌써 독립해 멋진 원룸을 얻은 친구 모두 활기찬 표정으로 자신의 성취를 공유한다. 미영은 자리에 앉아 웃으며 대화를 주고받지만, 속으로는 마음이 텅 빈 듯한 느낌이 든다. 취업 실패로 아르바이트를 전전하고, 아직도 부모님 댁에서 어정쩡한 하루를 보내는 자신의 모습이 초라하게 여겨진다. "나는 왜 이 모임에서만 동그라미 속 빈칸처럼 부유하는 걸까?"라는 생각이 머리를 맴돌고, 그날 밤 미영은 집에 돌아와 홀로 방 안에 웅크려 깊은 열등감에 빠진다.

주변 친구들과 자신을 비교하면서 열등감과 패배감을 느끼는 상황은 흔히 마음속 깊은 곳에서 뿌리내리는 불안을 드러낸다. 이 마음속 풍경을 들여다보면, 자신이 어디까지 왔는지, 또 어디로 가야 하는지 알 수 없는 불투명함이 두껍게 깔려 있음을 확인하게 된다. 이러한 고민을 안고 타로 카드를 펼치는 순간, 세 장의 카드가 그 흐릿한 감정의 지도를 펼쳐 보인다. 전차(The Chariot) 역방향, 펜타클5(Five of Pentacles), 그리고 소드9(Nine of Swords)의 등장은, 마음 한편에 쌓인 불안과 고립감, 그리고 방향을 잃은 듯한 삶의 태도를 또렷이 보여준다.

먼저 전차 역방향 카드는 자신을 제어하고, 능동적으로 앞으로 나아가는 힘을 상징하는 전차가 제 기능을 발휘하지 못하는 모습을 보여준다. 평소라면 꾸준히 전진하는 열정과 자신감을 상징하는 전차가, 역방향이 됨으로써 자신의 의지력이 약해지고 방향감각을 잃은 듯한 상태를 나타낸다. 현재 미영의 마음속에는 의욕과 목표가 실종되지는 않았더라도, 그것을 관철하는 동력이 떨어져 있다. 주변의 친구들이 빠른 속도로 인생을 가꿔나가는 것처럼 보이는데, 그에 비해 미영 자신은 마치 미끄러지는 바퀴 위에서 헛돌고 있다는 느낌에 사로잡힌다. 역전된 전차는 이 상황에서 길을 잃고 방황하는 자신을 직면하게 한다. 평소의 자기 통제력이나 의지력은 부식되고, 의심스럽고 비틀거리는 한 발자국마다 열등감의 그림자가 옅게나마 따라붙는다. 이 상태에서는 '내가 정말 옳은 길을 가고 있는가'라는 의구심이 자연스레 피어나고, 그것이 더욱 방향 상실감을 심화한다.

  다음으로 펜타클5 카드는 결핍과 소외감을 상징한다. 금전적, 물질적 측면으로 해석되는 펜타클의 세계에서 5라는 숫자는 주로 부족함과 결핍을 암시한다. 마치 추운 겨울바람 속에서 외로운 이들이 서로 기대며 간신히 발걸음을 옮기는 모습처럼, 이 카드는 상대적인 풍요 속에서 나 혼자만 부족한 듯한 느낌을 안겨준다. 친구들이 각자 자신만의 성취나 입지를 다져나가며, '함께하지만 각기 빛나는 존재'로 성장하는데, 그 속에서 미영 자신은 오히려 빈손인 듯 느껴진다. 이것은 단순히 물질적인 측면뿐 아니라, 마음의 영역에서 안정을 누리지 못하는 상태와도 맞닿는다. 펜타클5는 타인보다 뒤처진다는 느낌, 마치 유리창 너머로 밝고 따뜻한 실내 풍경을 바라보는 듯한 소외감, 그리고 미영의 노력이나 능력이 시장에서 재평가받지 못하는 것 같은 불안감을 구체화한다. 이 카드가 나타나는 순간, '나만 제대로 못하는 것 아닐까?' 하는 불신이 스멀스멀 피어난다. 그 불신은 다시금 자신의 가치에 의문을 던지며, 더욱 마음을 움츠러들게 한다.

  마지막으로 소드9는 불안과 고통을 상징하는 전형적인 카드다. 어두운 방 안, 머리를 싸쥐고 악몽 속에서 깨어난 듯한 모습은, 눈뜨기 전까지 사실 여부를 구별하기 어려울 만큼 생생하고 무서운 상상을 반영한다. 현재 상황에서 소드9는 미래에 대한 근거 없는 불안, 내면에 쌓인 죄책감, 혹은 스스로 설정한 비현실적 기준으로 인해 깊어지는 마음의 상처를 나타낸다. 이 카드는 끊임없이 비교하고 자책하는 마음을 반영하는데, '내가 정말 열등한 인간인가?', '나는 능력이 없는 것인가?'라는 질문들이 밤새 귀가에 맴돌며 잠을 방해한다. 이때 소드9는 '꼭 그렇게까지 나를 갉아먹어야 할까?'라는 내면의 속삭임을 떠올리게 한다. 현실적으로 내가 겪는 어려움보다, 상상 속에서 부풀려진 불안이 미영을 더 옥죄고 있음을 인정할 필요가 있다. 소드9는 이 불안이 비단 결과나 현실에 대한 두려움뿐만 아니라, 미영 스스로 만든 높은 기준이나 완벽주의로부터 비롯된 것임을 드러낸다.

이 세 장의 카드가 한자리에 모이면, 현재 삶에서 느끼는 불안감과 열등감, 그리고 뒤처지고 있다는 공포가 어떠한 양상으로 심리에 자리 잡고 있는지 명확히 보여준다. 전차 역방향은 의지력과 추진력을 잃은 상황, 펜타클5는 상대적 빈곤감과 소외감을, 그리고 소드9는 과도한 불안과 자기 비하를 상징한다. 세 장은 서로 다른 맥락에서 '부족함'을 이야기하지만, 결국 공통된 흐름은 '자신의 가치를 제대로 보지 못하는 것', '남과 비교하는 과정을 통해 마음에 생기는 상처'로 귀결된다.

그렇다면 이 상황을 어떻게 극복해야 할까? 전차 역방향을 마주했을 때, 방향을 다시 잡기 위해서는 밖을 향한 시선을 잠시 멈추고 내면을 정돈하는 과정이 필요하다. 전차는 원래 굳은 결단력과 전진하는 힘을 상징한다. 역방향이지만, 그 근본 에너지는 여전히 내 안에 잠재해 있다. 이제는 남들의 속도나 성취를 기준 삼지 않고, 나만의 속도계로 페달을 밟아야 한다. 펜타클5가 주는 빈곤감은 사실 주변과 비교할 때 생기는 상대적 결핍일 수 있다. 누군가 내게 물질적·사회적 성취를 강조한다 해도, 나는 내게 의미 있는 가치와 만족도를 재정립하고, 자신을 온전한 존재로 바라보는 방법을 모색한다. 이때 실질적으로 작은 성공이나 도전을 통해 결핍감을 줄여나가는 과정이 도움이 된다. 예를 들어, 크고 눈에 띄는 목표보다는 작고 실천 가능한 일상적 목표를 설정하고, 이를 완수해나가며 자신감을 쌓을 수 있다.

마지막으로 소드9가 보여주는 불안의 덫에서 벗어나기 위해서는 우선 자신에게 관용을 베푸는 태도가 필요하다. 밤중에 일어나는 악몽 같은 불안은 대개 현실적 문제보다는 내면에서 자신을 옥죄는 생각의 흐름이다. 이를 바로잡기 위해 '지금까지 잘해온 점', '내가 성취한 것들'을 되짚어보며, 실패나 부족을 절대적인 낙인으로 받아들이지 않는 태도를 익힌다. 또한 불안은 아직 오지 않은 미래에 대한 과도한 해석이기도 하다. 현재 할 수 있는 일에 집중하면서, 정말로 내가 원하는 것이 무엇인지 질문하는 과정에서, 불안은 조금씩 흩어진다. 소드9는 내 안에 쌓인 두려움을 정면으로 마주하라는 신호이고, 그것을 달래기 위해서는 부정적 자기 대화를 긍정적이고 현실적인 관점으로 바꿔나가는 연습이 필요하다.

이러한 통합적 해석을 바탕으로 다시 세 카드를 살펴보면, 이들은 단순히 "너는 뒤처지고 있다"거나 "너는 가난하고 불행하다"는 메시지를 전하는 것이 아니다. 전차 역방향, 펜타클5, 소드9는 '내면에서 일어나는 과정을 직시하라'고 촉구한다. 남들과 비교함으로써 생기는 열등감, 그로 인한 패배감, 그리고 밤을 잠식하는 불안감 속에는 사실 내가 간과하고 있는 나만의 가치, 나만의 속도, 나만의 가능성이 있다. 카드는 손가락질하며 나무라지 않는다. 오히려 '스스로에게 더 친절해져라', '너만의 길을 찾기 위해 눈을 돌려라', '네 마음속에 불안을 놓아주기 위해 노력하라'고 조언한다.

이 상담에서 미영에게 중요한 것은, 비교에 근거한 불안과 결핍이 결국 미영 자신을 시험하는 도구임을 깨닫는 것이다. 전차 역방향이라도도 언젠가 다시 방향을 잡을 수 있다. 펜타클5가 보여주는 결핍감은 새로운 성장의 시발점이 될 수도 있다. 소드9가 드러내는 불안은 오히려 미영 자신이 진정 원하는 삶을 되짚어 보는 계기가 된다. 결국 이 세 카드는 '지금 상태가 너의 전부는 아니다'

라고 말한다. 미영이 느끼는 부족과 두려움은 자신을 무너뜨리기 위한 것이 아니라, 새로운 시각으로 세상을 바라보게 하는 촉매제가 될 수 있다. 비교하는 시선 대신, 내 안에서 차오르는 나만의 동력을 찾는다면, 전차는 다시 앞으로 나아갈 길을 찾고, 펜타클 5의 부족감은 점차 의미 있는 경험으로 채워지며, 소드9의 불안한 밤은 희망에 닿는 새벽을 맞이하게 된다.

개발자의 길을 계속 갈까
아니면 다른 비즈니스를 할까

현재 IT 회사에서 개발자로 일하는 진호는 어느 순간부터 코드와 씨름하는 일이 지겹게 느껴진다. 처음엔 문제를 해결하고 프로그램을 완성하는 성취감이 컸지만, 반복적인 작업과 혼자 모니터를 마주하는 시간이 길어질수록 점점 회의감이 든다. 반면 사람들과 소통하며 아이디어를 나누는 영업직이나 기획 쪽이 더 매력적으로 다가온다. 진호는 자신의 성향이 개발보다는 기획이나 비즈니스 관계에 더 맞는 것 같아 전직을 고민하지만, 그동안 쌓아온 개발 경력과 안정적인 연봉을 쉽게 포기할 수 없다. 특히 주변의 시선과 전직 후의 불확실성 때문에 매일 같은 고민만 되풀이된다.

진호는 오늘도 반복되는 일상 속에서 같은 고민을 한다. 자신이 개발자의 길을 계속 걷는 것이 맞는지, 아니면 더 나은 자신을 찾아 새로운 길을 나서야 하는지. 그동안 개발자로 쌓아온 시간은 결코 가벼울 수 없다. 프로그램이 정상적으로 돌아갈 때의 성취감, 어려운 코드를 해결했을 때의 뿌듯함도 있었지만, 이제는 그 모든 것이 낡은 습관처럼 느껴진다. 모니터 앞에 앉아 코드를 작성하는 시간보다 사람들과 아이디어를 나누고 협력하는 시간이 더 기대되는 것은 어쩌면 그의 마음이 이미 새로운 곳으로 향하고 있다는 증거일지도 모른다.

그가 타로 카드 앞에 앉았을 때, 카드 세 장이 펼쳐진다. '펜타클 10(Ten of Pentacles), 전차(The Chariot), 황제(The Emperor)는 그동안 진호가 쌓아온 것들에 대한 상징이다.

노력과 시간, 그리고 그것이 가져다준 안정감. 펜타클이 모여 이루어진 집은 그의 개발자로서의 삶을 견고하게 지탱해온 현실을 보여준다. 안정적인 직장과 연봉, 그리고 주변의 인정. 이 모든 것이 결코 무시할 수 없는 가치임을 깨닫게 한다. 하지만 동시에 그 카드 속의 집은 진호를 가두는 벽이 되기도 한다. 물질적 풍요 뒤에 가려진 무미건조함과 반복은 그가 느끼는 회의감의 본질이 아닐까. 아무리 튼튼한 집이라도 그 안에서 자라나는 마음의 목소리를 무시할 수는 없다.

다음으로 등장한 카드는 전차다. 전차는 움직임과 결단을 의미한다. 이 카드는 진호에게 말한다. 지금 그의 삶에 필요한 것은 멈추지 않는 용기와 결단력이라고. 두 말할 필요 없이 전차는 앞으로 나아가려는 에너지를 가득 품고 있다. 진호가 바라는 변화는 단순히 직업을 바꾸는 것이 아니라, 자신이 더 행복하고 충실하게 살아갈 수 있는 삶의 방향을 찾는 것이다. 전차는 그 변화의 첫발을 내딛으라고 용기를 준다. 물론 그 길에는 불확실성과 두려움이 함께할 것이다. 하지만 전차는 말한다. 진짜 중요한 것은 자신의 선택에 확신을 가지는 것이라고. 그의 내면에 이미 전차의 에너지가 존재한다. 그 힘을 믿고 움직이는 순간, 변화는 시작된다.

그리고 마지막으로 황제가 나온다. 황제는 권위와 질서를 상징하며, 자신의 삶을 통제하고 주도권을 쥐는 모습을 보여준다. 진호는 지금까지 자신의 삶을 책임감 있게 이끌어 왔다. 개발자로서 쌓아온 경력과 안정적인 삶은 모두 그가 그동안 노력하며 이루어낸 결과다. 하지만 황제는 그에게 묻는다. '그것이 진짜 네가 원하는 삶인가?' 황제의 카드가 가르쳐주는 것은 진호의 삶에 대한 주인의식이다. 남들의 시선이나 세상의 기준이 아니라, 진호 자신이 원하는 방향으로 삶을 설계할 때 그는 진정한 황제가 된다. 자신의 세계를 스스로 구축하고 책임질 때, 그 어떤 두려움도 의미를 잃게 된다. 황제는 그를 향해 단호하게 말한다.

'네가 결단을 내린다면, 그 길은 결국 너를 위한 길이 될 것이다.'

진호는 이 세 장의 카드에서 자신의 마음을 읽는다. 펜타클 10

은 현실의 무게를, 전차는 움직이려는 열망을, 황제는 자신의 선택에 대한 책임과 확신을 보여준다. 이 카드들이 전하는 메시지는 명확하다. 지금 그의 앞에는 두 갈래의 길이 있지만, 그 선택은 온전히 진호의 몫이다. 아무도 대신할 수 없는 그만의 여정이기 때문이다.

진호의 마음 한구석에 작은 불씨가 타오르기 시작한다. 그동안 쌓아온 것들을 소중히 여기되, 새로운 길에 대한 도전을 두려워하지 말라는 전차의 메시지. 그리고 그 길에서 자신만의 질서와 기준을 세우며 당당하게 나아가라는 황제의 격려. 결국 삶의 방향을 바꾸는 것도, 같은 자리에 머무르는 것도 모두 그 자신이 내릴 결정이다. 무엇을 선택하든 중요한 것은 진호가 자신의 선택을 믿고 걸어가는 것이다.

이제 진호는 더이상 같은 고민만 되풀이하지 않는다. 그가 진짜 원하는 삶은 이미 그의 마음속에 존재하고 있었다. 타로 카드는 그것을 다시금 일깨워줄 뿐이다. 삶은 언제나 선택의 연속이고, 그 선택은 결국 더 나은 나를 향한 여정이 된다. 진호가 어떤 길을 택하든, 그 길에서 그는 자신만의 이야기를 써 내려갈 것이다. 새로운 도전이 기다리는 길은 불안하지만 동시에 희망으로 가득 차 있다. 전차가 달리기 시작하면, 그 누구도 그의 여정을 막을 수 없다.

사회 초년생, 사람들과의 관계가 몹시 어렵다

대학을 갓 졸업하고 중소기업의 마케팅팀에 신입으로 들어간 은수는 처음 출근하는 날부터 긴장된 마음을 안고 사무실 문을 연다. 이전까지의 환경에서는 선후배나 동기들이 서로 비슷한 배경과 목표를 공유했지만, 지금 마주하는 사람들은 각기 다른 연령대와 성격, 그리고 업무 방식으로 무장하고 있다. 부서 내 회의에서 선임 사원들은 날카로운 언어로 아이디어를 주고받고, 차분하던 예비사회인의 자존심은 그 자리에서 흔들린다. 은수는 팀장에게 자신의 생각을 조심스럽게 전하지만, 돌아오는 대답은 차갑고, 동료들은 바쁘다는 이유로 대화가 끝나기 일쑤다. 은수는 해가 질 때까지 서로 다른 목소리들이 얽히는 사무실의 공기를 견디며, '이 관계 속에서 나는 어떻게 자리 잡을 것인가?' 하는 질문을 자신에게 던진다.

대학을 졸업하고 사회에 막 나온 이 순간, 길게 이어져 온 학창

시절의 익숙한 틀을 벗어나 새로운 환경 속에서 자신을 증명해야 하는 때가 다가온다. 이 시기는 두려움과 설렘이 뒤섞인 혼합된 감정 속에서 시작된다. 이제 더이상 강의실 안에서 익숙한 친구들과 이야기를 나누거나, 교수나 선배가 제시하는 안정적 질서 속에 머무르기 어렵다. 사회라는 공간은 생각보다 훨씬 더 거칠고 불확실하며, 수많은 사람이 각자의 목적과 욕망을 지니고 부딪친다. 은수는 이러한 상황에서 대학 졸업 후 사회에 갓 나와서 부딪치는 사람들과의 관계가 몹시 어렵기만 하다. 이것은 스스로 방향을 제대로 잡지 못한 채 불안한 발걸음을 내딛는 은수에게 커다란 심리적 갈등을 안긴다.

은수 앞에는 세 장의 카드가 펼쳐진다. 첫 번째 카드는 '바보(The Fool)'이고, 두 번째 카드는 '완드5(5 of Wands)', 그리고 세 번째 카드는 '은둔자(The Hermit)'이다. 이 세 장의 카드는 각기 다른 에너지를 머금으며, 사회 초입 단계의 인간관계 문제를 하나의 이야기로 묶는다. 이를테면 바보 카드는 사회라는 미지의 땅에 막 발을 들여놓은 은수를 대변하고, 완드5 카드는 새로운 무대 위에서 밀치고 당기며 서로 재단하는 인간관계의 어지러운 기운을 드러낸다. 그리고 은둔자 카드는 격렬한 외부 소용돌이 속에서 고요한 내면의 불빛을 찾고자 하는 순간을 상징한다.

우선, 바보(The Fool)의 이미지는 시작점에 서 있는 순수한 영혼을 떠올리게 한다. 흰색 배경 위로 홀로 선 바보는 더이상 과거의 편안한 보호막 아래 존재하지 않고, 자기가 알지 못하는 미지의 영역으로 발을 내딛는다. 이 카드는 사회 초입에 서 있는 신입사원, 막 취업한 청년, 혹은 사회로 첫발을 내디딘 각자의 모습을 투영한다. 아직 규칙도 모르고, 주변에 어떤 힘의 흐름이 작용하는지도 모르는 상태에서 바보는 호기심과 겁없는 에너지로 나아간다. 이때 중요한 것은, 바보가 제시하는 것이 단순한 무지나 어리석음이 아니라 '새로운 가능성'이라는 점이다. 관계가 어려운 것은 당연하다. 왜냐하면 지금까지 경험했던 관계들은 대부분 비슷한 환경, 비슷한 목표를 공유하던 이들과 맺어온 것이기 때문이다. 새로운 환경에서는 낯선 사람들, 낯선 성향, 낯선 목적이 얽혀들어 관계를 더 복잡하고 어지럽게 한다.

두 번째 카드, 완드5(5 of Wands)는 이러한 복잡성과 혼란을 그대로 상징한다. 화면 속 다섯 개의 막대기는 제각각 다른 방향으로 뻗어 나간다. 이들은 마치 조화를 이루지 못한 연주자들처럼 서로 소리를 덮으려 하고, 각기 다른 리듬으로 상대를 교란한다. 회사라는 조직, 사회라는 넓은 장에서 사람들은 서로 다른 입장과 가치관으로 부딪치며, 이를 통해 경쟁하고 갈등을 만든다. 완드5는 이 관계적 파편화를 극명히 보여준다. 이제 막 들어온 사회초년생 은수에게 이 카드가 보여주는 것은, '갈등 자체가 결코 이

상한 것이 아니다'라는 사실이다. 오히려 충돌은 필연적으로 발생하고, 이를 통해 성장한다. 그러나 이 혼란 속에서 자신의 목소리를 잃지 않고, 동시에 타인의 주장에도 귀를 기울일 줄 아는 유연한 태도가 필요하다. 완드5는 타인과의 충돌 과정에서 자신이 정말로 중요하게 생각하는 가치가 무엇인지, 그리고 어떤 식으로 소통해야 하는지를 배우는 교육의 장을 의미한다.

마지막으로 은둔자(The Hermit) 카드는 고립과 성찰, 내면의 지혜를 상징한다. 사회적인 관계망 속에서 어렵고 복잡한 문제들을 겪을수록, 사람은 어딘가 조용한 곳에 물러나 자신을 돌아보고자 한다. 회사 동료들과의 미묘한 신경전, 서로 오해하고 뒤섞이는 대화들 속에서 자신이 원하는 바가 무엇인지, 어떤 사람으로 성장하고 싶은지 질문하게 된다. 은둔자는 화려한 거리의 소음 대신 고요한 산길을 걷고, 랜턴을 들고 어둠 속에서 자신의 심연을 비춘다. 이 때 은둔자가 건네는 메시지는 '잠시 멈추고 숨을 고르라'는 것이다. 갈등과 혼란 속에서 지나치게 감정이 흐트러지면, 진정 중요한 것이 무엇인지 보지 못한다. 그러므로 은둔자는 외부의 떠들썩한 공간에서 잠시 벗어나 내면의 목소리에 귀를 기울이라고 조언한다.

이 세 카드가 한 자리에 놓이면, "바보 – 완드5 – 은둔자"라는 흐름으로 전개된다. 시작점에서의 순수한 에너지(바보)는 곧 복잡한 인간관계의 갈등(완드5)을 만나 흔들리고, 결국 자신만의 방식으로 내면을 돌이키고 통찰을 얻으려는 은둔자에게로 이어진다. 이는 하나의 순환 과정이다. 처음의 순수한 열정은 갈등을 통해 다듬어지고, 그 다듬어진 결과를 바탕으로 내면의 성장을 이룬다. 결국 다시 세상으로 나올 때는 조금 더 단단해지고 주체적인 관계 맺기가 가능해진다.

이 타로 상담은 은수를 비롯한 지금 막 사회로 나온 이들이 겪는 관계적 어려움이 결코 자기만의 문제나 실패의 징후가 아니라는 메시지를 준다. 바보 카드는 아직 사회의 룰을 배우는 단계에 있음을 상기시키고, 완드5는 관계 갈등이 성장의 발판임을 알린다. 은둔자는 그 속에서 길을 잃지 않고 자기 내면의 소리를 듣고 균형을 찾는 시간을 가져야 한다고 말한다. 이 카드들의 조합은 이제 막 사회적 관계라는 생태계로 뛰어든 초년생에게, '이것은 통과의례'라고 속삭인다. 사람들과 부딪히는 경험을 피하지 않고, 그 과정을 통해 자신을 연마하면서, 때때로 혼자만의 내면적 성찰로 돌아가는 순환이 반복된다. 그렇게 결국 단단한 자아를 갖춘 사회인으로 서게 된다.

현재 직장에서 열심히 일하지만, 미래가 불투명하다

30대 초반의 직장인 정우빈 씨는 현재 다국적 기업의 마케팅 부서에서 일하고 있습니다. 맡고 있는 업무에 최선을 다하며 직장에서 인정도 받고 있지만, 점차적으로 회사의 비전이나 자신의 경력 성장에 대한 방향성이 불투명해지면서 미래에 대한 불확실성을 느끼고 있습니다. 정우빈 씨는 회사 내에서 더 높은 직책으로 올라갈 가능성도 있지만, 현재의 직무가 자신에게 더이상 도전적이지 않고, 개인적인 성장이 더디게 느껴집니다. 이에 따라 정우빈 씨는 직장에서 더 나아갈 수 있는지, 아니면 새로운 기회를 찾아 다른 길을 모색해야 할지 고민에 빠지게 되었습니다. 계속해서 업무를 맡고 있지만, 마음속에서는 더 큰 변화가 필요하다는 갈등이 커지고 있습니다.

정우빈 씨의 이야기를 통해 많은 사람이 느낄 수 있는 감정이 있다. 직장에서의 성과와 인정에도고 미래에 대한 불확실성은 누구나 한 번쯤 겪는 갈등일 것이다. 현재의 위치에서 벗어나고 싶은 마음, 더 나은 삶을 위한 결단을 내려야 한다는 압박감이 커지는 순간, 타로 카드 컵 9(Nine of Cups), 펜타클 3(Three of Pentacles), 소드 8(Eight of Swords)은 그에게 어떤 메시지를 전달할까?

타로 카드에서 나온 컵 9는 '소원의 성취'를 의미한다. 이 카드는 정우빈 씨가 이미 직장에서 어느 정도 만족을 느끼고 있다는 것을 보여준다. 그는 현재 맡은 업무에서 많은 성과를 이루었고, 외적인 인정도 받았다. 그러나 그가 직장 내에서 성취감을 느끼고 있다는 사실은 그에게만의 내적인 충족감으로 이어지지 않는다. 그는 이제 더 이상 이 성취가 자신의 마음을 채우지 못한다고 느끼고 있다. 컵 9는 정우빈 씨가 이 시점에서 더욱 개인적인 성취를 추구해야 함을 시사한다. 단지 업무에서의 성공이나 외적인 인정만으로는 그의 마음속 깊은 갈망을 충족시킬 수 없다는 것이다.

펜타클 3은 '협력과 성장'을 상징하는 카드다. 이 카드는 정우빈 씨가 지금까지 회사에서 함께 일한 동료들과 협력하며 많은 것을 배웠음을 나타낸다. 그는 직장에서의 일들을 혼자서 이끌어가며, 팀과의 협력 속에서 성장하는 경험을 쌓았다. 그러나 이 카드가 나온 것은 그가 이젠 더는 협력과 팀워크를 통해 성장을 느끼지 못하고 있다는 신호일 수 있다. 즉, 그는 이제 더이상 현재의 환경에서 더 많은 성장을 할 가능성을 느끼지 못하고 있다. 이러한 감정은 그가 새로운 환경에서 도전을 찾고자 하는 이유일 것이다. 펜타클 3은 그에게 다른 사람들과의 협력에서 성장의 기회를 찾았던 과거를 인정하면서도, 이제 그가 다른 방식으로 성장해야 한다는 것을 암시한다.

하지만 소드 8은 '갇힌 상태'를 의미하는 카드다. 이 카드는 정우빈 씨가 현재 갈등 속에서 벗어나지 못하고 있음을 보여준다. 그는 직장에서의 현재 위치에 안주하지 않으려는 욕망과 새로운 기회를 찾고자 하는 열망 사이에서 갈등하고 있다. 소드 8은 그가 스스로 만든 제한된 생각이나 두려움에 의해 움직이지 못하고 있다는 것을 나타낸다. 그는 변화를 원하지만, 그 변화가 무엇인지 명확히 알지 못하거나, 새로운 길을 가는 것이 두려운 상태에 처해 있다. 이 카드가 말하는 것은 정우빈 씨가 자신의 마음속에 있는 '제약'을 풀어야 한다는 것이다. 그는 자신의 마음속 두려움이나 불확실성으로부터 자유로워질 필요가 있다.

정우빈 씨의 고민은 단순히 직장을 그만두고 새로운 기회를 찾는 문제가 아니다. 그것은 자신의 내면의 목소리와 어떻게 마주할 것인가, 그리고 그 목소리를 따라가며 자신이 진정 원하는 길을 선택할 것인가의 문제이다. 그는 지금까지 이루어낸 성취를 인정하고 감사하며, 그 과정에서 배운 것들을 소중히 여겨야 한다. 그러나 동시에 자신이 더이상 이 직장에서 성장할 수 없다는 느낌을 진지하게 받아들이고, 그 안에서 벗어나려는 결단을 내려야 한다. 변화는 두려울 수 있지만, 두려움을 극복하고 나아갈 때 진정한 성장이 이루어진다.

타로는 정우빈 씨에게 변화의 가능성을 보여주고 있다. 그는 더이상 안주하지 말고, 마음속에 있는 두려움을 풀어내야 한다. 그리고 그가 어떤 결정을 내리든, 그 길이 그에게 새로운 기회를 가져다줄 것이라는 신뢰를 가져야 한다. 타로 카드는 그가 변화를 받아들이고, 그 변화 속에서 더욱 성장할 힘을 가지고 있다는 메시지를 전달한다. 그가 진정으로 원하는 길을 찾아 나갈 때, 그의 삶은 더 풍요롭고 만족스러워질 것이다.

정우빈 씨는 이제 자신에게 필요한 결정을 내리고, 그 결정을 통해 더 큰 성장을 이룰 수 있을 것이다. 타로 카드는 그가 자신을 믿고, 두려움을 떨쳐내고, 새로운 기회를 찾는 용기를 가지기를 응원한다. 그 길 위에서 그의 내면의 평화와 충족감을 찾을 수 있을 것이다.

윤석은 번아웃(Burnout) 증상을 겪는 중이다

대기업 마케팅 부서에서 일하는 윤석은 매일 아침 의자에 앉자마자 불안해진다. 팀원들은 이미 어두운 눈으로 서로 견제하고, 상사는 지속해서 매출 목표를 높이면서 직원들을 몰아붙인다. 하루 종일 울리는 메신저 알림과 급작스런 회의 요청 속에서 윤석은 자신의 전문성이 성장하기보다 소진되고 있음을 느낀다. 팀 분위기는 서로 돕는 대신 스스로를 과장해 보여 성과를 인정받으려는 사람들로 가득 차 있고, 윤석은 그 안에서 마음 한구석이 서서히 텅 비어가는 감각을 느낀다. 점심시간에도 편히 쉴 수 없고, 퇴근 후에도 남아있는 업무 메일과 사내 메신저를 확인하며 긴장감은 풀리지 않는다. 이런 분위기는 몸과 마음을 소모시키며, 결국 윤석은 무엇을 위해 이 경쟁 속에 뛰어드는지 알 수 없는 상태에 내몰린다.

회사 생활에서 느끼는 번아웃 증상은 한 순간의 피곤함이나 단순한 업무 부담감으로 그치지 않는다. 그것은 반복되는 긴장 속에서 서서히 축적되며, 결국에는 생기 넘치던 에너지를 잠식해버리는 깊은 소진감으로 이어진다. 직장 내 과도한 경쟁과 강압적인 문화 속에서 자신이 점점 투명해지는 듯한 감각이 든다. 매일 아침, 책상 앞에 앉을 때 느끼는 심장의 두근거림은 설렘이 아니라 막막함으로 이어지고, 퇴근길의 밤공기마저도 내일의 긴장감을 미리 퍼뜨리는 듯하다. 윤석의 이 지친 마음을 위해 카드를 펼치자, 완드9(9 of Wands)와 심판(Judgement), 컵4(4 of Cups)라는 세 장이 나타난다. 이 카드는 현재의 힘겨운 상황을 비추는 거울이자, 그 안에서 벗어날 수 있는 내면의 실마리를 제공한다.

우선 완드9는 직장 내 끝없는 경쟁과 압박 속에서 누적된 상처와 긴장을 상징한다. 이 카드는 윤석이 이미 많은 상처를 받은 상태지만 결코 완전히 무너져내린 것은 아니라는 점을 보여준다. 벽에 기댄 채 마지막까지 버티려는 모습은 용기의 극한을 나타낸다. 하지만 이 용기는 번아웃 상태에서 점점 상처받은 마음을 감추는 두터운 껍질로 변질된다. 회사 내에서 한정된 자원을 두고 서로 겨냥하는 냉정한 분위기 속에서, 완드9는 "나는 더이상 무너질 수 없다"고 버티면서도, 사실은 이미 윤석이 더이상 나아갈 힘이 거의 남지 않은 지점에 와 있음을 시사한다. 이 카드는 현재 윤석이 처한 상태가 얼마나 지쳐 있는지, 얼마나 벼랑 끝에 놓여 있는지를 인정하게 한다.

다음으로 심판(Judgement)은 그동안 누적된 경험을 되돌아보고, 그 안에서 새로운 깨달음으로 나아갈 가능성을 제시한다. 심판 카드는 잠들었던 내면의 진실과 잠재력을 다시 불러일으키는 본질적 변화의 순간을 나타낸다. 이는 지금까지 윤석이 감내해온 상처를 단순히 회피하거나 묵인하는 것이 아니라, 적극적으로 직면하고 평가하는 과정에서 얻어지는 통찰이 될 수 있다. 회사에서의 지나친 압박, 서로 피로하게 만드는 경쟁적 분위기, 개인의 가치보다는 성과를 우선시하는 문화가 얼마나 심각하게 윤석의 내면을 갉아먹고 있는지 인식하게 되는 순간, 심판 카드는 그동안 잠재되어 있던 회복력과 진정한 방향성을 깨우게 한다. 이 과정을 통해 윤석은 단순히 상황을 견디는 차원을 넘어, 진정한 의미에서의 선택을 할 수 있는 힘을 얻는다. 이를테면, 이직을 고려하거나, 혹은 현재 직장에서 새로운 역할을 탐색하는 시도, 그리고 그동안 억눌러왔던 개인적 욕구와 가치를 중심에 두는 결정을 내리게 될 수 있다. 심판 카드는 고요한 내면의 소리를 다시 듣게 하여, 무뎌진 감각을 새로이 되살리고, 이를 바탕으로 과감한 결단을 내리게 한다.

마지막으로 등장하는 컵4(4 of Cups)는 현재 상황에서 느끼는 무덤덤함과 권태를 상징한다. 이 카드는 마음 한구석에서 '더는 감정적 에너지를 쏟고 싶지 않다'는 미묘한 거부감을 보여준다. 평소에는 작은 즐거움이나 위안이 되었던 요소들조차 지금은 시큰둥하게 느껴진다. 동료들과의 식사, 주말의 짧은 휴식, 취미 생활마저 무의미하게 느껴지고, 감정은 마치 흐리지 않은 물 위에 부유하는 낙엽처럼 무심하다. 하지만 컵4는 단순한 무감각이 아니라, 새로운 기회나 변화의 계기가 바로 옆에 놓여 있음을 은유한다. 아직 다가오지 않은 또 다른 가능성, 전혀 다른 길이 존재하는데 지금 윤석의 눈은 그를 지나치고 있다는 의미로 볼 수 있다. 이 카드는 윤석이 번아웃의 늪에 빠져 있을 때, 사실은 새로운 기회를 향해 손을 뻗는 것을 주저하고 있다는 사실을 일깨운다. 꼭 회사라는 제도권 안에서만 해답을 찾을 필요는 없다. 자신이 진정 원하는 것이 무엇인지, 자신의 커리어와 삶의 방향이 어디로 향하는지를 고찰하는 과정에서, 스스로가 등 돌리고 있는 또 다른 선택지가 분명히 존재한다는 사실이 보인다.

이 세 장의 카드는 함께 어우러져, 현재 직장 문화로 인한 번아웃 상태가 단순한 피로 이상의 복합적인 내면 갈등을 의미하고 있음을 보여준다. 완드9는 이미 상처받고 지친 윤석의 모습, 심판은 그 상황을 객관적으로 돌아보고 운명을 다시 써 나갈 수 있는 변곡점을 제안하며, 컵4는 지금 이 순간 자신의 주변에 숨겨진 기회와 가능성을 새롭게 바라볼 필요를 상기시킨다. 이 과정은 고통스러울 수 있지만, 그 고통 자체가 한 단계 도약하기 위한 마중물이 된다. 경쟁으로 얼룩진 직장 문화 속에 길들여진 윤석 자신을 새로운 시각으로 바라보면서, 윤석은 단순히 견디기보다는 주도적으로 미래를 설계하는 힘을 얻게 된다.

결국 이 세 카드가 말하는 핵심은 반복되는 번아웃의 고리에서 벗어나는 첫걸음이 내면의 각성과 선택에서 비롯된다는 점이다. 아무리 외부 상황이 바뀌지 않아도, 자기 자신의 가치를 재정립하고, 그 토대 위에서 새로운 방향을 모색하며, 주변에 놓인 다른 가능성을 진지하게 들여다볼 때, 서서히 탈출구가 보인다. 심판의 힘을 빌려 묵었던 상처를 정면으로 응시하고, 완드9의 경험을 자양분 삼아, 컵4가 암시하는 또 다른 가능성의 잔을 들어 올릴 수 있다. 이 과정을 통해 번아웃은 더이상 고통스러운 감정 소비의 상태가 아니라, 더 넓은 삶의 영역으로 시야를 확장하는 계기가 된다. 이렇게, 회사 속의 윤석 자신이 더이상 투명한 그림자가 아니라 스스로 빛을 내는 주체가 되는 변화가 시작된다.

김민중은 대기업을 다니는데 이직을 고민 중

대기업에서 2년 동안 일해온 김민중은 현재 생산 공정 부서에서 일하고 있다. 그러나 이곳 업무가 자신의 적성과 맞지 않아 매일 지루함을 느끼고 있으며, 창의적인 업무나 전략적 결정에 참여하는 기회가 부족하다고 느낀다. 이로 인해 그는 자신의 경력에 대한 불안감을 느끼고, 특히 장기적으로 임원이 될 수 있을지 의문이 든다. 민중은 이직을 결심하고 다양한 직무를 탐색 중이지만, 새로 시작하는 일이 과연 성공적일지 걱정이 커져만 간다. 이직을 통해 경력을 발전시킬 수 있을지, 아니면 또 다른 어려움에 부딪치게 될지 두려움에 휩싸여 있다.

이직을 고민하는 김민중은 현재 직무가 자신의 적성과 맞지 않다는 고민 가운데 있다. 더구나 자신의 직무가 임원이 될 기회를 제한하고 있다는 점에서 갈등과 불안감을 느끼고 있다. 그러한 고민에 답을 주기 위해, 세 장의 카드가 펼쳐졌다. 검 2, 펜타클 에이스,

황제의 카드가 당신의 상황을 어떻게 조망하고 있는지 살펴보자.

첫 번째로 나타난 카드는 검 2(Two of Swords)다. 이 카드는 내적인 갈등과 결단을 미루는 상황을 나타낸다. 카드의 이미지 속에서 한 사람이 두 개의 검을 들고 눈을 가리고 있는 모습은 마치 결정을 내리지 못하고 있는 상태를 상징한다. 김민중은 현재 두 가지 선택지 사이에서 갈등하고 있으며, 그 선택이 가져올 결과에 대한 불확실함에 의해 머뭇거리고 있다. 지금은 직무에 대한 불만이 있지만, 동시에 이직이라는 큰 결정을 내리는 것에 대한 두려움이 존재한다. 검 2는 김민중에게 결단을 미루지 말고, 직면한 갈등을 해결해야 한다는 메시지를 준다. 어느 선택을 하든, 결정을 내림으로써 더이상 마음의 혼란을 반복하지 않도록 하라는 조언을 전한다.

두 번째 카드는 펜타클 에이스(Ace of Pentacles)다. 이 카드는 새로운 기회와 물질적 성취를 나타내는 카드로, 김민중에게 이직이 긍정적인 변화로 다가올 수 있음을 알려준다. 펜타클 에이스는 재정적 안정, 물질적인 성장, 그리고 새로운 기회가 손에 들어올 때의 가능성을 상징한다. 이 카드는 김민중이 선택을 통해 더 나은 직무나 환경을 찾을 수 있음을 암시한다. 현재의 직무에서 벗어나 더 나은 조건과 성장 가능성을 가진 직장을 찾는다면, 경제적 안정과 함께 만족감을 얻을 수 있을 것이다. 새로운 시작을 위한 준비가 되었음을 느끼고, 그것을 실현하기 위한 노력을 기울일 필요가 있다.

마지막으로 나타난 카드는 황제(The Emperor)다. 이 카드는 권위, 질서, 구조적인 안정성을 의미하며, 리더십을 가진 사람을 상징한다. 황제 카드는 김민중에게 강력한 리더십을 발휘할 수 있는 기회를 의미하며, 이직 후에 안정적이고 권위 있는 직무를 맡을 수 있음을 시사한다. 이 카드는 김민중이 새로운 직장에서 안정감과 존경을 얻을 수 있음을 보여준다. 또한, 황제 카드는 김민중이 스스로 이직을 통해 큰 변화를 이끌어낼 수 있다는 자신감을 불어넣는다. 이직을 통해 자신만의 자리를 차지하고, 더 나아가 조직 내에서 중요한 역할을 맡을 수 있다는 강력한 메시지를 전달한다.

이 세 카드의 메시지를 종합적으로 보면, 김민중은 현재의 직무에서 오는 갈등을 해결해야 한다는 점을 인지할 필요가 있다. 검 2는 결정을 미루지 말고, 확신을 가지고 나아가야 한다는 경고를 보낸다. 펜타클 에이스는 이직을 통해 새로운 기회가 열리며, 물질적, 정신적 성장의 기회가 주어진다는 희망적인 메시지를 준다. 마지막으로, 황제 카드는 이직 후 권위 있는 위치에서 안정적으로 자리를 잡을 수 있음을 시사한다. 이직을 고민하는 과정에서 겪는 불안과 두려움을 극복하고, 결정을 내릴 때가 되었다.

따라서, 이직은 김민중에게 긍정적인 변화와 성장을 가져올 수 있는 기회이다. 결정을 내리는 것이 어려운 시기지만, 각 카드가 전하는 메시지를 바탕으로 자신의 길을 찾아 나설 때가 왔다.

김민정의 신용카드, 악순환의 연속이다

　김민정은 매달 정해진 월급을 받지만, 그 돈의 대부분은 신용카드 결제에 소비된다. 매달 카드 사용으로 생긴 빚을 갚고 나면, 남는 돈은 거의 없다. 매번 급한 대로 카드 결제를 끝내고 나면 또 다른 지출이 기다리고 있어, 늘 같은 악순환을 반복하는 기분이다. 대출이 조금씩 쌓여가고, 빚을 갚는 데 쫓기다 보니 여유를 가질 수 없고, 자꾸만 무리하게 소비하게 된다. 이를 해결할 방법이 있을까? 매달 반복되는 카드 결제의 악순환을 끊고, 더 나은 경제적 상황을 만들 수 있을지 고민이 깊어지고 있다.

　경제적인 어려움과 그로 인한 악순환은 누군가에게 일상적인 고민거리다. 월급을 받고도 신용카드 결제와 각종 지출을 감당하기에는 부족함을 느끼고, 그로 인해 반복되는 경제적 불안정 속에서 벗어나기 어렵다는 문제는 결코 가볍게 다룰 수 없다. 이런 상황에서 자신이 처한 문제를 어떻게 바라보고, 어떤 해결책을 찾을 수 있을지에 대한 질문은 자주 떠오르기 마련이다. 타로 카드는 이러한 고민을 깊이 있게 탐구할 수 있는 도구가 된다.

"김민정의 이 악순환이 끝날 수 있을까?" 김민정의 이 문제를 해결하는 열쇠를 찾기 위해, 타로 카드를 펼치자 운명의 수레바퀴(Wheel of Fortune), 컵 7(Seven of Cups), 펜타클 기사(Knight of Pentacles) 카드가 나왔다. 이들 카드는 김민정의 문제를 해결하기 위한 중요한 메시지를 전하고 있다.

첫 번째 카드, 운명의 수레바퀴(Wheel of Fortune)는 변화와 순환을 상징한다. 이 카드는 현재 상황이 끊임없이 변하고 있다는 사실을 김민정에게 알려준다. 특히 이 카드에서 중요한 점은 '운명적인 변화'가 있을 수 있다는 점이다. 카드의 이미지에서 보듯, 운명의 수레바퀴는 주기적으로 돌아가며 우리의 상황을 변화시키는 힘을 나타낸다. 경제적인 어려움에 시달리고 있는 이 시점에서도, 상황은 계속해서 변할 수 있다. 이 카드는 그 자체로 희망을 전달한다. 민정은 현재 어려움이 영원히 지속될 것이라는 두려움을 내려놓고, 때로는 운명이 바뀌는 순간이 올 수 있음을 믿을 필요가 있다. 물론, 이러한 변화는 외부 요인에 의해서도, 혹은 자신의 노력에 의해서도 올 수 있다. 중요한 것은 변화가 일어날 수 있는 가능성을 열어두는 것이다.

두 번째 카드, 컵 7(Seven of Cups)은 민정이 선택의 갈림길에서 있는 상황을 나타낸다. 이 카드는 다양한 선택지와 그로 인한 혼란을 의미한다. 특히 컵이 여러 가지 형태로 나타나는데, 이들 중 일부는 꿈과 환상일 수 있고, 어떤 것은 실제로 실현 가능한 목표일 수 있다. 카드가 나타내는 메시지는 '지금 상황에서 여러 가지 선택이 있지만, 그 중 어느 것이 진정으로 현실적인 해결책이 될지 판단이 어렵다'는 것이다. 신용카드 사용의 악순환을 끊기 위해서 민정에게는 감정적 결정보다는 현실적인 판단이 중요하다. 컵 7은 '현실과 이상 사이에서 선택을 해야 한다'는 점을 강조한다. 이 카드는 지나치게 이상적인 기대보다는 실현 가능한 목표에 집중하고, 목표 달성을 위해 계획을 세워 실천해야 한다는 메시지를 김민정에게 건넨다. 즉, 과도한 소비나 불필요한 환상에 빠지지 않고, 현실적인 해결책을 찾아야 한다는 것이다.

세 번째 카드, 펜타클 기사(Knight of Pentacles)는 실용적이고 꾸준한 노력을 강조하는 카드다. 펜타클 기사는 자신이 맡은 일에 성실하고 지속적으로 노력하는 사람을 상징한다. 이 카드는 '경제적인 문제를 해결하기 위해서는 민정의 꾸준한 노력과 신중한 접근이 필요하다'는 메시지를 전달한다. 신용카드의 악순환을 끊기 위해서는 단기적인 해결책보다는 지속적인 노력과 계획적인 재정 관리가 필요하다. 펜타클 기사는 무리하지 않고 차근차근 단계를 밟아 나가며, 실현 가능한 목표를 향해 끊임없이 나아가는 모습을 보여준다. 이 카드는 감정적으로 급하게 해결하려는 유혹에 빠지지 말고, 차분하고 실용적인 접근을 해야 한다는 교훈을 준다. 경제적 문제는 서두르지 않고, 지속적으로 실천하는 것이 중요하다.

이 세 장의 카드는 모두 서로 다른 방식으로 경제적인 어려움에서 벗어나는 길을 제시하고 있다. 운명의 수레바퀴는 변화가 일어날 수 있다는 가능성을 열어두고, 컵 7은 감정적 판단을 피하고 현실적인 선택을 하라고 경고한다. 마지막으로 펜타클 기사는 실용적인 접근과 꾸준한 노력이 중요하다는 메시지를 전달한다. 따라서 경제적인 악순환을 끊기 위해서는 외부의 변화와 내부의 노력이 상호작용하는 것이 중요하다. 변화는 언제든지 일어날 수 있고, 그 변화를 잘 활용하기 위해서는 차근차근, 현실적인 계획을 세워 꾸준히 실천하는 것이 핵심이다.

대기업 취업이 어려운 승우 씨

　직장 구직을 준비 중인 승우는 학벌과 경력이 부족해 대기업이나 좋은 직장에서 일하는 것이 매우 어렵다고 느끼고 있다. 수많은 지원서를 제출했지만 면접 기회를 얻는 것은 하늘의 별 따기처럼 느껴지며, 매번 불합격 통보를 받을 때마다 자신감은 점점 더 떨어져만 간다. 주변에서 '스펙'이 부족하다는 이야기를 자주 듣고, 그로 인해 자신이 가진 능력에 대한 의문을 품게 되었다. 자신이 원하는 직업을 얻기 위한 과정에서 실패를 반복하며 점차 불안과 걱정이 커지고, 결국 그는 이 상황을 어떻게 벗어날 수 있을지에 대한 방향을 찾지 못해 힘들어하고 있다.

　승우의 상황은 젊은 사람들이 경험하는, 취업을 준비하는 동안 겪는 좌절과 불안의 깊이를 그대로 보여준다. 학벌과 경력이 부족하다는 이유로 자신감이 떨어지고, 매번 면접에서 불합격 통보를 받을 때마다 그의 마음속에 점점 더 커지는 불안과 두려움은 누구나 겪을 수 있는 현실이다. "스펙"이 부족하다는 이야기나, "다른 사람들은 더 잘하는데"라는 주변의 시선은 승우를 계속해서 괴롭히며, 결국 그가 자신을 제대로 볼 수 없게 한다. 취업 준비가 길어질수록, 그의 마음속에서는 점점 더 많은 의문이 일어난다. '내가 정말 원하는 직업을 얻을 수 있을까?', '이대로 계속 실패하면 어떡하지?'라는 생각이 그의 머릿속을 떠나지 않는다. 이런 상황에서 승우는 방향을 잃고, 자신이 갈 길이 무엇인지 모르겠다고 느끼고 있다. 그러나 타로 카드는 이 모든 과정에서 중요한 메시지를 전달해준다. 소드 7(Seven of Swords), 펜타클 7(Seven of Pentacles), 소드 8 (Eight of Swords)은 그가 지금 겪고 있는 혼란과 좌절의 순간에 희망과 회복의 길을 제시하는 중요한 힌트를 담고 있다.

첫 번째로 등장한 카드는 소드 7이다. 이 카드는 종종 속임수나 도망을 의미한다. 하지만 그 의미가 반드시 외부의 속임수나 기만적인 행동을 나타내는 것만은 아니다. 승우가 처한 상황에서 이 카드는 그가 자신을 속이고 있다는 신호일 수 있다. 그는 자신에게 진실되지 못하고, 외부의 기준에 맞추려는 강박에 빠져 있을 가능성이 크다. "스펙" 부족이라는 외부의 평가가 그의 마음속에 지나치게 깊이 자리 잡으면서, 승우는 자신이 가진 능력에 대한 의문을 품고 있다. 그러나 사실, 이 카드는 승우에게 "당신은 다른 사람들의 기준에 맞추려 하지 말고, 자신만의 강점을 찾아라"
는 메시지를 전달한다. 그는 지금까지 많은 시간과 에너지를 쏟아
왔고, 그 속에서 다양한 경험을 쌓았다. 외부의 평가에 맞추려고
만 한다면 그는 자신의 고유한 능력을 잃어버릴 수 있다. 이 카드
는 승우에게 자신의 가치를 인정하고, 자신의 강점이 무엇인지를
다시 한 번 돌아볼 것을 촉구한다.

두 번째로 나온 카드는 펜타클 7이다. 이 카드는 인내와 기다림,
그리고 노력의 결실을 의미한다. 승우가 지금 겪고 있는 어려움은
결코 헛된 것이 아니며, 그의 노력은 반드시 결실을 볼 것이라는
중요한 메시지를 담고 있다. 그가 지금까지 취업 준비를 위해 노력
해온 시간은 단순히 소모된 시간이 아니다. 그가 제출한 수많은
지원서, 준비한 면접, 그리고 끊임없이 자신의 능력을 향상하기 위
한 노력은 결국 그에게 중요한 자산이 될 것이다. 승우는 지금, 바
로 그 순간이 힘든 시기일 수 있지만, 결국에는 자신의 노력의 결
과를 맛보게 될 것이다. 이 카드는 그에게 성급히 결정을 내리거
나 포기하지 말고, 기다림의 미덕을 다시 한 번 되새기라고 말한
다. 모든 과정이 쌓여서 그는 점차 자신에게 맞는 기회를 만나게
될 것이다.

마지막으로 등장한 카드는 소드 8이다. 이 카드는 물리적인 구속

이 아닌, 마음속에서 스스로 만든 제한적인 사고나 두려움을 나타낸다. 승우가 취업에 실패하고 불합격 통보를 받는 과정에서, 그의 마음속에는 점점 더 큰 두려움이 자리를 잡고 있다. '내가 정말 할 수 있을까?', '계속 실패하면 어떻게 하지?'라는 불안은 그의 머릿속을 떠나지 않는다. 그러나 소드 8은 이 두려움이 실제로는 그가 만들어낸 감정의 감옥에 불과하다는 사실을 상기시킨다. 승우는 스스로 자신을 얽매고 있는 두려움과 제한적인 생각에 갇혀 있다. 이 카드는 그에게 "너는 그 두려움 속에서 벗어나야 한다"는 중요한 메시지를 전한다. 승우가 느끼는 제약은 그의 마음속에서만 존재하는 것이며, 그는 그 제약을 넘어설 수 있다. 두려움에 갇혀 있지 말고, 다시 한 번 용기를 내어 한 걸음 더 나아갈 것을 권유하는 카드는 승우에게 새로운 기회를 향한 희망을 불어넣어준다.

이 세 장의 카드는 승우에게 중요한 교훈을 준다. 첫째, 그는 외부의 기준에 너무 의존하지 말고, 자신만의 가치를 되찾아야 한다. '스펙' 부족에 대한 불안과 주변의 비판에 휘둘리기보다는, 자신이 가진 능력과 강점을 믿어야 한다. 둘째, 그가 지금까지 쏟은 노력은 결코 무의미한 것이 아니다. 그는 꾸준히 노력해 왔으며, 그 노력은 반드시 보상받을 것이다. 셋째, 승우는 자신을 제한하는 두려움과 생각에서 벗어나야 한다. 그가 마주한 어려움은 일시적인 장애물일 뿐이며, 그는 이를 넘어설 수 있다. 결국, 승우는 자신을 믿고, 그의 길을 계속해서 걸어가야 한다. 그가 믿음을 가지고 계속해서 나아간다면, 그는 원하는 직업을 얻을 수 있을 것이다.

  따라서, 승우는 지금 이 시기를 지나면서 더욱 강해질 것이다. 타로 카드는 그가 처한 상황에서 절망을 느끼지 말고, 자신을 믿으며 기다리라고 말한다. 그가 겪고 있는 고난은 그를 성장시키는 과정이며, 이 과정에서 얻은 경험은 앞으로 그의 커리어에서 중요한 자산이 될 것이다. 승우가 자기 자신을 믿고, 두려움을 떨쳐내며 계속해서 나아간다면, 결국 그는 자신이 원하는 직업을 찾을 수 있을 것이다. 그가 필요로 하는 것은 단지 인내와 자기 신뢰일 뿐이다.

고립과 은둔, 세상과의 연결을 차단하다

지민은 대학교를 졸업하고 첫 직장에 입사했지만, 빠르게 치열한 경쟁에 압도당한다. 동료들은 빠르게 승진하고, 업무 능력도 뛰어난데 반해 그녀는 계속해서 실수를 반복하고, 상사에게서 꾸중을 듣기 일쑤다. 지민은 점차 자신이 사회의 요구에 부합하지 못한다는 생각에 빠지게 되고, 다른 사람들과 비교할 때 자신은 항상 뒤처져 있다는 느낌을 받는다. 사회에서의 인정이나 성취감을 얻지 못한 그녀는 더이상 사람들과의 관계를 유지하는 데 힘을 쏟기보다는, 외부와의 연결을 차단하며 혼자만의 시간을 보내기 시작한다. 지민은 사회적 기대에서 벗어나고 싶어졌지만, 그와 동시에 점점 더 고립감을 느꼈고, 자신이 더이상 이 세상과 연결되지 않는다고 생각하며 우울하고 무기력한 상태에 빠지게 된다.

사회는 끊임없이 변화하고 요구하며, 그 속에서 개인은 종종 압박을 느낀다. 경쟁이 치열한 현대 사회에서는 적잖은 사람들이 자신이 세상의 기대를 충족하지 못한다고 느끼고, 그로 인해 자아를 잃어버리거나 고립감을 경험한다. 이러한 고립과 실패는 자신이 더 이상 사회와 연결되지 못한다고 느끼게 하며, 점차 세상과의 관계를 차단하게 된다. 여기서 나타나는 세 가지 카드, 정의(Justice), 바보(The Fool), 그리고 컵 에이스(Ace of Cups)는 이러한 상황에 대해 중요한 메시지를 전달한다.

첫 번째 카드, 정의는 개인이 사회에서의 역할과 책임을 어떻게 다룰 것인지를 묻는다. 이 카드는 균형과 공정함을 상징하며, 상황을 객관적으로 바라볼 수 있는 능력을 강조한다. 지민은 사회의 요구에 대해 압박감을 느끼며, 자아를 잃고 불안해할 수 있다. 하지만 정의는 그가 현재 처한 상황을 공정하게 평가하고, 자신의 선택에 책임을 질 필요가 있음을 상기시킨다. 타로 상담은 지민이 세상과의 관계에서 불균형이 존재한다고 느끼더라도, 그 불균형이 반드시 잘못된 것이 아니며, 때로는 자기 자신을 돌아보고 재정립할 기회임을 알려준다. 과거의 실패가 그의 가치와 능력을 정의하지 않으며, 지민이 다시 균형을 찾을 수 있다는 점에서 희망을 제공한다. 이를 통해 지민은 자신의 내면을 되돌아보고, 불완전한 자신을 받아들이면서도 세상과의 재연결을 위한 단계를 밟을 수 있게 된다.

두 번째 카드인 바보는 새로운 시작과 가능성을 상징한다. 바보 카드는 처음에는 불확실하고 낯설게 느껴질 수 있지만, 결국 그것은 자아를 재발견하는 과정으로 이어진다. 실패와 고립감에 빠진 사람은 더이상 자신을 세상과 연결할 방법을 모르거나 두려워할 수 있다.

그러나 바보 카드는 지민이 다시 한 번 길을 떠날 수 있음을 알린다. 바보는 자신이 무엇을 해야 할지 모르지만, 그것을 두려워하지 않고 열린 마음으로 나아가는 모습을 보여준다. 타로 상담을 통해 지민은 실패를 두려워할 필요가 없으며, 새로운 시작이 그의 삶에 중요한 변화를 가져올 수 있음을 인식하게 된다.

바보는 변화의 가능성과 용기를 전달하며, 세상과의 재연결을 위한 첫걸음을 내디딜 수 있도록 돕는다. 지민이 새로운 기회를 받아들이고, 과거의 상처를 떨쳐내는 과정을 통해, 이전에 느꼈던 고립감과 두려움이 점차 사라지게 된다. 이 카드는 또한 지민이 외부의 압박을 넘어서서, 내면의 자유와 자신감을 회복하는 데 중요한 역할을 한다.

마지막 카드인 컵 에이스는 감정과 직관의 새로운 시작을 나타낸다. 이 카드는 감정적 회복과 자기 자신과의 연결을 의미하며, 내면의 평화를 찾는 과정에서 중요한 역할을 한다. 실패로 인해 세상과의 연결을 차단했던 지민은, 이제 자신의 감정에 귀 기울이고, 그 안에서 새로운 에너지를 찾을 시점에 도달했다. 컵 에이스는 감정적 healing과 새로운 감정적 가능성을 열어준다. 타로 상담에서 이 카드는 지민이 과거의 상처를 치유하고, 자기 자신과 다시 연결되는 기회를 제공한다.

컵 에이스는 그녀가 내면에서 생긴 새로운 감정을 받아들이고, 그것을 세상과의 관계에 긍정적인 방식으로 반영할 수 있게끔 도와준다. 이 카드는 감정적 재정립과 자신감을 회복하는 중요한 신호를 보낸다. 지민은 이제 감정적으로 다시 힘을 얻으며, 세상과의 긍정적인 관계를 맺을 수 있다는 믿음을 가질 수 있게 된다.

컵 에이스는 그녀가 자아를 재발견하고, 감정의 흐름을 신뢰하는 방법을 배우며, 자신이 세상과 다시 연결될 수 있음을 확신하게 한다.

이 세 가지 카드는 각기 다른 방식으로 지민에게 중요한 메시지를 전달한다. 정의는 공정하게 자신의 상황을 바라보고 책임을 다하라고 말하며, 바보는 새로운 시작과 변화를 두려워하지 말라고 한다.

마지막으로 컵 에이스는 내면의 감정과 직관을 통해 자기 자신과 다시 연결될 수 있음을 알린다. 이 세 가지 카드를 통해, 고립된 지민은 사회와의 관계에서 회복할 수 있는 가능성을 보게 된다. 실패는 끝이 아니며, 그것은 오히려 그녀가 더 나은 방향으로 나아갈 수 있는 기회를 제공하는 시점이 될 수 있다. 타로 상담은 그녀가 세상과 다시 연결되는 과정을 지원하며, 그녀의 내면에서 새로운 힘을 발견하게끔 돕는다. 실패의 경험은 지민을 성장시키는 중요한 자양분이 되며, 타로 카드는 그녀가 내면의 지혜와 감정을 통해 세상과의 관계를 다시 구축할 수 있도록 안내한다.

외국 여행 한 번 못하는 우물 안 개구리

서예린은 대학을 졸업한 후, 부모님과 함께 살고 있다. 주변 친구들은 독립해서 자신만의 삶을 살고 있으며, 그들은 자주 외국 여행을 떠나 새로운 문화와 사람들을 만나고 다양한 경험을 쌓아가고 있다. 그런 친구들의 이야기를 들을 때마다 서예린은 자신이 너무 좁은 세상에 갇혀 있는 것 같은 기분을 느낀다. 외국 여행을 가고 싶은 마음은 있지만, 경제적인 여유와 자신감이 부족해 그 꿈은 늘 미뤄지기만 한다. 친구들이 새로운 도전을 하는 동안, 서예린은 자신의 자리를 지키며 점점 더 우물 안 개구리처럼 느껴진다. 세상 밖에서 일어나는 일들이 자신과는 아무런 관계도 없는 일인 것처럼 느껴지며, 그로 인해 삶이 위축되고 무력감을 느끼고 있다.

서예린이 겪고 있는 이 감정은 타로 카드에서 나온 완드 3(3 of Wands)), 펜타클 8(8 of Pentacles), 컵 7(7 of Cups)과 깊은 연관이 있다. 이 카드는 그녀가 현재 처한 상황과 내면의 갈등을 매우 잘 반영해준다.

첫 번째로, 완드 3은 새로운 가능성에 대한 기대감을 나타낸다. 이 카드는 서예린에게 지금이 바로 자신이 꿈꾸던 변화의 순간이라는 메시지를 전달한다. 완드 3은 미래를 향한 희망적인 에너지와 새로운 시작을 위한 준비를 상징한다. 그녀는 외국 여행을 가고 싶은 마음이 단순한 욕구에 그치지 않고, 자기 자신을 발견하고 성장하려는 내적인 욕망임을 알 수 있다. 완드 3은 서예린에게 이제는 그 꿈을 현실로 만들기 위한 첫걸음을 내디뎌야 할 때임을 일깨운다. 그녀가 도전해야 할 순간이 바로 지금이라는 것을 알려준다.

그러나 펜타클 8은 서예린이 직면한 현실적인 어려움을 보여준다. 이 카드는 열심히 일하고 노력하는 모습을 나타내며, 꿈을 이루기 위해서는 시간과 노력이 필요함을 강조한다. 펜타클 8은 성과를 얻기 위한 꾸준한 노력과 현실적인 준비를 시사한다. 서예린은 자신의 꿈을 이루기 위해 경제적 여유를 마련하고, 자신감을 키우는 과정이 필요함을 알고 있다. 이 카드는 그녀가 현실적으로 준비하고, 차근차근 목표를 향해 나아가야 한다는 점을 상기시킨다. 그녀가 꿈꾸는 여행이나 독립적인 삶을 이루기 위해서는 자신에게 필요한 자원을 모으고, 그것을 성취할 수 있는 구체적인 계획을 세우는 것이 중요하다. 펜타클 8은 그녀가 단기적인 성과에 집착하기보다, 한 걸음씩 꾸준히 나아가는 과정에서 진정한 성장을 이룰 수 있음을 알려준다.

마지막으로, 컵 7은 서예린이 느끼는 혼란과 방황을 나타낸다. 이 카드는 많은 선택지와 가능성 앞에서 결정을 내리지 못하고 혼란스러워하는 상태를 보여준다. 서예린은 외국 여행을 떠나고 싶다는 마음이 있지만, 그 꿈을 이루기 위한 구체적인 방법과 계획을 세우지 못하고 있다. 여러 가능성이 존재하지만, 무엇을 먼저 해야 할지, 어떻게 시작해야 할지 모른 채 갈팡질팡하는 모습이 컵 7에 드러난다. 이 카드는 그녀에게 선택과 집중을 강조한다. 너무 많은 선택지 속에서 방황할 때, 무엇이 진정으로 중요한지 명확히 정하고, 그 목표를 향해 나아가는 것이 중요하다. 컵 7은 그녀에게 자신이 진정 원하는 것이 무엇인지 깨닫고, 그것을 향해 나아갈 때가 왔음을 알린다.

서예린은 지금 많은 고민과 불안 속에 살고 있지만, 타로 카드는 그녀에게 중요한 메시지를 전한다. 완드3은 그녀가 새로운 가능성을 향해 첫발을 내디딜 때가 되었음을 알려준다. 이는 여행뿐만 아니라 삶의 방향을 설정하고 새로운 도전을 시작하는 시점임을 시사한다. 펜타클 8은 그녀에게 현실적인 준비와 꾸준한 노력이 필요하다는 것을 일깨우며, 꿈을 이루기 위한 구체적인 계획을 세울 때임을 강조한다. 컵 7은 너무 많은 선택 속에서 혼란스러워 할 필요 없이, 자신이 진정으로 원하는 목표를 선택하고, 그것을 향해 집중할 때임을 말해준다.

　서예린이 겪고 있는 불안과 무력감은 일시적인 감정에 불과하다. 타로 카드는 그녀가 처한 상황에서 벗어날 수 있는 힘과 지혜를 가지고 있음을 알려준다. 그녀가 지금 해야 할 일은 그동안 꿈꿔왔던 변화를 시작할 준비를 하는 것이다. 비록 현실이 쉽지 않더라도, 서예린은 작은 발걸음으로 시작할 수 있다. 경제적인 어려움이나 자신감 부족은 시간이 지나며 극복될 수 있다. 중요한 것은 지금의 상황을 받아들이고, 그 상황을 개선해 나가려는 의지와 계획이다. 서예린이 한 걸음씩 내디딘다면, 언젠가는 그녀의 꿈이 현실로 이루어질 것이다.

　결국, 서예린은 혼자가 아니다. 완드 3은 그녀가 새로운 가능성에 대한 희망을 가질 수 있음을 알려준다. 펜타클 8은 그녀가 꿈을 이루기 위해 현실적인 노력을 기울여야 한다는 것을 말해준다. 컵 7은 선택과 집중을 통해 자신에게 중요한 목표를 이루어 나가야 한다는 것을 상기시킨다. 이 모든 카드는 서예린에게 큰 용기를 준다. 변화는 갑자기 일어나지 않지만, 그녀가 꾸준히 나아가면 언젠가는 꿈을 이룰 수 있다. 그녀가 중요한 것은 자신의 가능성을 믿고, 자신에게 주어진 시간을 소중히 여기는 것이다.

출산과 육아로 경력 단절이 될까 두렵다

　김수정은 오랫동안 커리어 개발에 온 힘을 쏟아온 IT 컨설턴트다. 대기업 프로젝트를 맡아 빛나는 성과를 거둔 지 얼마 지나지 않아, 그녀는 첫 아이를 출산한다. 육아 휴직에 들어가면서 아이가 점차 자라는 모습을 바라보는 즐거움이 있는 동시에, 빠르게 변하는 업계 트렌드를 따라잡지 못할지 모른다는 불안감이 마음 한구석에서 꿈틀거린다. 주변 동료들이 해외 컨퍼런스에 참여하고 새로운 기술 스택을 빠르게 익혀나가는 동안, 수정은 집 안에서 우유병과 기저귀, 밤중 수유에 매달린다. 아이가 한 걸음씩 성장하는 만큼 자신의 경력 이력서가 먼지 쌓인 서랍 속에서 빛을 잃어가고 있는 것만 같다. 이 상황 속에서 수정은 출산과 육아가 결코 경력 단절의 점(.)이 아닌 또 다른 문장부호라는 생각을 품고 싶지만, 쉽게 해소되지 않는 두려움이 나날이 묵직한 압박감으로 다가온다.

　아이 앞에 펼쳐진 일상의 그림이 이전과 많이 달라진다. 출산과 육아로 인해 경력 단절의 우려가 가슴 한켠에 뿌리내리고, 막연한 두려움이 마음속을 가득 메운다. 한때는 치열한 업무 현장 속에서 자신의 가치를 증명하며 성장해 나가는 과정이 분명한 보람으로 다가오지만, 이제는 휴직과 육아로 인해 불투명한 경력의 흐름에 대해 고민하게 된다. 이 상황 속에서 놓인 수정에게 타로 카드 세 장, 세계(The World), 컵 시종(Page of Cups), 그리고 펜타클 3(Three of Pentacles)이 펼쳐진다. 이 카드들은 새로운 흐름과 성장, 그리고 협력을 통한 경력 재정립의 가능성을 함께 보여주면서, 수정의 내면을 정돈하고 앞으로 나아갈 방향에 대한 힌트를 준다.

먼저, 세계(The World) 카드는 인생의 큰 주기를 마무리하고 새로운 단계로 넘어가는 문턱을 상징한다. 이 카드는 단순히 한 사이클의 완결을 의미하는 것을 넘어, 이제까지 쌓아온 경험과 능력을 총체적으로 통합하는 순간을 나타낸다. 출산과 육아라는 인생의 중대한 전환점을 지나며, 지금까지 자신이 이룩해온 경력과 스킬, 그리고 가치관들이 이미 하나의 완결된 이야기 속에서 재배치되고 있음을 암시한다. 단절이라는 단어가 불러일으키는 부정적인 이미지 속에서도, 세계 카드는 이미 닫힌 문 뒤편에 새로운 가능성의 문이 존재한다는 사실을 상기시킨다. 지금까지의 경력이 결코 무로 돌아가는 것이 아니라, 삶의 다른 영역과 조화를 이루며 다시금 쓰일 수 있는 자양분이 된다는 의미를 품는다. 이 카드를 통해 수정은 자신의 과거 경험을 긍정적으로 재해석하고, 인생의 다음 장을 펼칠 준비를 하는 마음 자세를 다진다.

그다음으로 등장하는 컵 시종(Page of Cups) 카드는 감정적 순수성과 호기심, 새로운 관계나 프로젝트에 대한 열린 마음을 상징한다. 이 카드는 섬세한 감정의 흐름을 기민하게 받아들이는 동시에, 신선한 시작에 대한 감정적 여유를 제공한다. 육아 과정에서 느껴지는 일상의 따뜻함, 아이의 성장을 바라보며 함께 발견하는 소소한 즐거움, 그리고 그 과정에서 수정 자신이 갖게 되는 새로운 가치관 등은 컵의 페이지가 상징하는 영역이다. 경력 단절에 대한 두려움 뒤편에 숨어 있는, 아직은 다듬어지지 않았지만 맑고 투명한 영감을 이 카드가 보여준다. 비록 이전의 일상적 루틴이나 경력의 선형적 발전이 잠시 멈춘 것처럼 느껴질 수 있으나, 사실 이 시기에는 이전에 접하지 못했던 감정적 통찰과 인간적 성장의 기회가 있다. 컵 시종은 이러한 미묘한 변화를 포착하고, 마음 한가운데 숨겨진 새로운 아이디어나 재능이 깨어날 수 있도록 허용한다. 다시금 경력 현장에 복귀할 때, 단순히 옛 모습으로 돌아가는 것이 아니라, 한층 더 유연하고 풍부해진 감정적 감수성을 지닌 자신을 발견한다.

마지막으로, 펜타클 3(Three of Pentacles) 카드는 협력과 공동의 노력, 그리고 숙련된 작업 과정을 상징한다. 이 카드에서 장인들은 함께 건물을 세우며 각자 맡은 분야에서 자신의 전문성을 발휘한다. 출산과 육아로 인한 경력 단절의 두려움 앞에서, 이 카드는 수정에게 혼자 모든 것을 짊어질 필요가 없다는 점을 강조한다. 이전과 다른 방식으로 업무나 커리어를 재개할 때, 주변의 협력자나 동료, 혹은 가족의 지원이 큰 힘이 된다. 기존의 지식과 경험을 바탕으로 새로운 프로젝트나 파트너십을 모색하거나, 자신이 쌓은 역량을 바탕으로 재교육, 재훈련 과정을 거칠 수도 있다. 펜타클 3은 단절이라는 단어 속에 갇힌 듯한 상황에서도 다시금 함께 일하고 성장할 수 있는 공간이 열려 있음을 시사한다. 커리어는 고립된 자기투쟁이 아니라, 상호 보완을 통해 완성되는 창조적 과정임을 이 카드가 일깨운다.

이 세 장의 카드는 단순히 상황을 나열하는 것이 아니라, 서로 유기적으로 연결되어 미래를 밝히는 하나의 이야기로 이어진다. 세계 카드가 과거의 성취와 통합을 통해 새로운 시작의 문턱을 보여주면, 컵 시종은 그 문턱 너머에 놓인 감정적 가능성과 열린 마음의 태도를 제시한다. 그리고 펜타클 3은 그 가능성과 태도가 현실적인 협력과 노력을 통해 구체적 성과로 결실 맺을 수 있음을 암시한다. 이 흐름은 곧 김수정이 느끼는 경력 단절에 대한 두려움이 실제로는 '단절'이 아니라 '전환'임을 보여준다. 새로운 삶의 국면 속에서 경력은 다른 형태로 재구성되고, 자신을 더 다채로운 사람으로 성장시킨 뒤 돌아올 수 있는 기회의 장이 열려 있다.

출산과 육아라는 중대한 인생 이벤트는 기존의 경력 흐름에 일시적 공백을 만들 수 있다. 하지만 공백은 결코 비어 있는 공간으로 남지 않는다. 그 속에는 개인적 성장, 가치관 재정립, 감정적 성숙이라는 알찬 결실의 씨앗이 심긴다. 예전과 다른 방식으로 일과 삶의 조화를 추구하며, 점진적으로 전문성을 다시 연마하고, 새로운 형태의 협업 관계를 구축하는 과정은 궁극적으로 더욱 단단한 토대를 마련한다. 세계 카드는 그 토대가 이미 과거의 경험 속에 씨앗으로 존재한다는 것을 암시하고, 컵 시종은 그 씨앗을 꽃피우는 데 필요한 감정적 풍요로움을 제공하며, 펜타클 3는 그러한 꽃이 열매를 맺기 위해서는 서로 돕는 손길이 필요하다는 현실적 메시지를 전한다.

이러한 카드의 메아리는 수정으로 하여금 현재의 두려움이 단지 미지의 공백이 아닌, 아직 쓰이지 않은 새로운 장(章)을 위한 여백임을 깨닫게 한다. 이 여백을 채우는 것은 직전의 경력에서 얻은 능력, 육아를 통해 확장된 감정적 스펙트럼, 그리고 주변인들과 협력하는 과정이다. 더 나아가 이 경험은 기존에 직선적으로 달려가던 커리어 경로를 부드럽게 곡선을 그리는 흐름으로 변화시킨다. 이 곡선은 단절이 아니라 확장이고, 더 넓은 시야로 세상을 바라보게 한다.

타로 상담에서 세계, 컵시종, 펜타클 3이 등장하는 이 순간, 수정의 마음속에 남아 있는 불안감은 조용히 그 진폭을 줄인다. 세상은 결코 한 자리에 멈추지 않는다. 아이가 성장하는 동안, 자신 또한 성장하고 있다는 점을 인식한다. 현재의 결핍처럼 보이던 상황이 사실은 더 큰 가능성을 담는 인큐베이터로 작용한다. 이 인큐베이터 안에서 감정적 성숙, 새로운 창의력, 그리고 협력을 통한 결과물이 발아한다. 경력은 이전과는 다른 형태로, 하지만 더욱 안정적인 기초 위에 다시 세워진다.

결국, 이 카드들의 조합은 불안을 억누르거나 부정하는 대신, 불안 속에서 피어나는 새로운 삶의 단서를 바라보게 한다. 경력 단절이라는 표현이 가지는 딱딱한 틀 속에서 벗어나, 그것을 경력 전환 혹은 재편성의 기회로 해석하는 안목이 생긴다. 세계 카드는 이미 완성된 성취를 바탕으로 새로운 문을 여는 이미지로 자리하고, 컵 시종은 그 문 너머에 숨겨진 창의적 에너지와 감정적 관대함을 상징하며, 펜타클 3은 이 새로운 문을 통해 들어선 세상에서 협력과 노력을 통해 다시금 커리어를 빚어나갈 수 있음을 보여준다.

이러한 통찰 속에서 수정은 조용히 숨을 고른다. 출산과 육아로 인해 생긴 경력의 공백은 더이상 공포스러운 함정이 아니라, 새로운 가능성의 밑그림이다. 타로 카드는 두려운 마음에서 자신을 격려하고, 내면의 잠재력을 확인하며, 다시금 앞으로 나아갈 수 있는 경로를 비춰준다. 그리고 그 길 위에서, 수정은 자기 자신에게 여전히 유능하고, 창조적이며, 협력의 장을 열 수 있는 존재임을 깨닫는다.

정민에게는 어렵기만 한 면접시험

정민은 몇 차례 채용 면접에서 떨어진 경험이 있다. 매번 면접을 준비하면서도 자신이 부족하다고 느끼며, 그로 인해 면접관 앞에 서는 자신의 장점을 제대로 어필하지 못한다. 특히 자신이 가진 강점이나 경험을 명확하게 전달하는 데 어려움을 겪고, 면접 중 불안감이 커져 답변이 흐려지곤 한다. 정민은 면접을 진행할 때마다 자신의 진정성을 충분히 드러내지 못해, 다른 지원자들과의 경쟁에서 밀린 것 같다는 생각을 한다. 이제 민정은 자신을 어떻게 어필할 수 있을지 고민하며, 과거의 경험에서 얻은 교훈을 어떻게 효과적으로 전할 수 있을지 막막함을 느낀다.

정민 앞에는 세 장의 카드인 태양(The Sun), 펜타클 3(Three of Pentacles), 소드 5(Five of Swords)가 중요한 메시지를 전달한다. 이 카드들은 면접에서 자신을 어떻게 어필할 수 있을지 구체적인 지침을 제시해주며, 심리적인 면에서도 큰 도움이 될 수 있다.

첫 번째 카드인 '태양'은 밝고 긍정적인 에너지를 나타낸다. 이는 면접에서 자신감을 가지고 긍정적인 태도를 유지하는 것이 중요하다는 메시지를 전달한다. '태양'은 사람들 앞에서 자신의 장점을 자연스럽게 드러낼 수 있는 능력을 상징한다. 이 카드는 면접에서 자신을 과도하게 내세우기보다는, 자신이 가진 본연의 장점과 진실성을 강조하는 것이 중요함을 상기시킨다. 실제로 면접관은 사람의 태도와 에너지를 통해 그 사람이 어떤 사람인지 파악하려 한다. 따라서 '태양'은 자신이 가진 능력과 자질을 진지하게 표현하되, 불필요한 긴장감을 제거하고 자연스럽게 이야기할 것을 권장한다.

두 번째 카드인 '펜타클 3'은 협업과 공동 작업을 의미한다. 이 카드는 타인과의 협력과 소통에서 중요한 역할을 하는 요소를 강조한다. '펜타클 3'은 특히 직장에서의 협력적인 자세를 중시하는 기업 환경에서 중요한 역할을 한다. 면접에서 자신을 어필하는 방법 중 하나는 자신이 과거의 경험을 통해 어떻게 협업에 기여했는지, 그리고 그 협업을 통해 어떤 성과를 이루었는지 구체적으로 설명하는 것이다. 이 카드는 단순히 개인의 능력을 강조하기보다는, 자신이 팀 내에서 어떤 역할을 하고 있으며, 그 역할을 통해 조직에 어떻게 기여할 수 있을지 명확한 비전을 제시하는 것이 필요함을 알려준다. 면접관은 지원자가 협업과 소통을 잘할 수 있는 사람인지, 조직에서 긍정적인 영향을 미칠 수 있는지에 대한 답을 찾고 있기 때문이다.

마지막으로 '소드 5'는 갈등과 경쟁을 상징하는 카드이다. 이 카드는 면접 과정에서 느끼는 심리적 부담이나 경쟁자들과의 경쟁을 상징할 수 있다. '소드 5'는 지나치게 경쟁적이거나 비판적인 태도가 면접에서 불리하게 작용할 수 있음을 경고한다. 면접에서 자신을 어필할 때 중요한 것은 과거의 실패나 상처를 긍정적으로 전환하는 능력이다. 이 카드는 면접 중에 경쟁적인 상황에서 지나치게 방어적이거나 비판적인 자세를 취하지 말고, 실패를 어떻게 극복했는지를 중심으로 이야기하라고 조언한다. 과거의 실수를 부정적으로 표현하기보다는 그것을 성장의 기회로 삼았다는 점을 강조하는 것이 유리하다.

세 장의 카드에서 나온 메시지를 종합하면, 면접에서 정민에게 자신을 어필하는 가장 중요한 요소는 자신감, 협력, 그리고 긍정적인 태도이다. '태양'은 긍정적인 에너지로 면접을 임할 것을 제안하며, '펜타클 3'은 협업 능력과 공동 작업의 중요성을 강조한다. 또한, '소드 5'는 경쟁적인 상황에서 불필요한 방어적 태도를 피하고, 실패를 극복한 경험을 바탕으로 자신을 어필하는 방식을 제시한다. 면접에서 정민이 자신을 어떻게 어필할지 모른다는 불안감을 느끼는 순간, 이 카드는 자신이 가진 장점과 경험을 바탕으로 자신감을 가지고 면접에 임할 수 있는 길을 보여준다.

결국, 타로 카드는 그저 한 가지 길을 제시하는 것이 아니라, 각자의 상황에 맞게 적용할 수 있는 여러 가지 지침을 준다. 면접에서 자신을 어필할 때 중요한 것은 자기 자신을 진지하게 들여다보며, 과거의 경험을 토대로 앞으로 나아갈 방향을 명확히 하는 것이다. 이를 통해 면접에서 자신감을 얻고, 면접관에게 긍정적인 인상을 남길 수 있을 것이다.

김씨, 과몰입 된 코인 투자

김 씨는 30대 중반의 직장인으로, 코인 투자에 과도하게 몰입한 상태이다. 그는 처음에는 비상금 일부를 투자하며 시작했으나, 점차 자신의 월급 대부분을 코인에 투입하게 되었다. 밤낮으로 시세를 확인하며 직장에서의 업무 효율은 떨어지고, 가족들과의 저녁 식사 시간에도 계속 휴대폰에 집중하느라 대화가 단절되었다. 어느 날 큰 폭락장을 맞아 투자금 대부분을 잃고, 그는 경제적 위기에 처하게 되었다. 직장 동료들과의 관계도 악화되었으며, 그제야 자신의 삶이 코인에 의해 완전히 지배당했음을 깨닫게 되었다. 김 씨는 상담을 통해 자신의 욕망을 성찰하고, 잃어버린 관계와 균형을 회복하기 위한 첫걸음을 내딛게 되었다.

가상화폐인 코인은 현대인의 투자 방식을 크게 변화시켰다. 빠르게 수익을 올릴 수 있다는 기대감과 스릴은 사람들을 매료시키지만, 때로는 그 욕망이 지나쳐 삶의 균형을 무너뜨리기도 한다.

김 씨의 이야기는 현대 사회의 단면을 보여준다. 코인 투자라는 새로운 형태의 재테크가 부상하면서 많은 이들이 경제적 자유를 꿈꾸며 이 길로 뛰어들었다. 하지만 김 씨처럼 지나친 몰입은 사람을 무의식적으로 속박하고, 삶의 균형을 무너뜨릴 위험이 있다. 타로 카드에서 등장한 악마(The Devil)는 바로 이 점을 상징적으로 드러낸다. 김 씨 앞에는 악마(The Devil), 펜타클 킹(King of Pentacles), 펜타클 5(Five of Pentacles)가 펼쳐졌다.

악마 카드는 인간의 욕망과 집착, 그리고 스스로 만들어낸 속박을 의미한다. 김 씨는 처음에는 자신의 경제적 목표를 이루기 위해 코인 투자를 시작했지만, 점차 이 활동이 그의 삶을 잠식하며 통제권을 빼앗아 갔다. 악마 카드 속 두 인물은 사슬에 묶여 있지만, 그 사슬은 느슨하여 원하면 풀고 나갈 수 있다. 이는 김 씨가 실제로는 코인 투자라는 상황에서 자유로워질 선택지를 갖고 있었음을 상기시킨다. 하지만 그는 손쉽게 돈을 벌고자 하는 욕망과 끊임없는 시세 변동에 대한 호기심으로 인해 사슬에서 벗어나는 대신 점점 더 깊이 얽매였다.

펜타클 킹(King of Pentacles)은 물질적 안정과 책임감을 상징한다. 이 카드는 김 씨가 원래 목표로 삼았던 경제적 안정과 풍요를 나타낸다. 김 씨는 코인 투자를 통해 펜타클 킹의 긍정적인 에너지를 이루고자 했지만, 아이러니하게도 이 카드는 그가 잃어버린 균형과 현실적인 책임감을 지적하고 있다. 펜타클 킹은 성공의 상징일 뿐 아니라 그 성공을 유지하기 위해 필요한 성숙함과 신중함을 요구한다. 김 씨의 경우, 단기적인 수익에만 집중한 나머지, 장기적인 안정과 주변 관계에 소홀하게 된 것이 문제였다.

그리고 마지막으로 등장한 펜타클 5(Five of Pentacles)는 김 씨가 현재 처한 경제적 위기와 상실감을 그대로 비춘다. 이 카드는 흔히 어려움과 결핍, 그리고 외로움을 상징한다. 카드 속 인물들은 고난 속에서도 서로 의지하며 성당의 불빛 아래를 지나간다. 이는 김 씨에게 주어진 메시지를 암시한다. 그가 현재의 어려움 속에서도 완전히 혼자가 아님을 기억하고, 가족이나 친구 같은 주변 사람들과 다시 연결될 필요가 있음을 일깨운다. 더불어 이 카드는 물질적 결핍뿐 아니라 내면적 결핍을 치유해야 함을 말한다. 김 씨가 자신을 돌보고 진정으로 원하는 삶의 방향을 찾는 것이 중요하다.

김 씨의 사례는 현대인이 직면할 수 있는 함정을 적나라하게 보여준다. 타로 상담에서 우리는 이 카드들을 통해 단순히 문제를 지적하는 것에 그치지 않고, 변화의 가능성을 모색할 수 있다. 악마 카드는 김 씨가 코인 투자에서 자유로워질 수 있는 선택지가 여전히 있음을 보여주고, 펜타클 킹은 그가 책임감을 되찾고 성숙한 태도로 자신의 삶을 재정비할 수 있음을 암시한다. 펜타클 5는 그가 경제적 위기를 넘어서는 과정에서 주변 사람들과의 관계를 회복하고 내면의 균형을 되찾을 수 있음을 상기시킨다.

타로 상담은 김 씨와 같은 내담자가 자신의 문제를 객관적으로 바라보고 해결책을 모색할 수 있도록 돕는 역할을 한다. 코인 투자는 더이상 단순한 재테크 수단이 아니라 현대인의 욕망과 불안을 상징하는 하나의 축도가 되었다. 김 씨는 타로 카드를 통해 자신이 어디서부터 잘못된 길로 들어섰는지 돌아보고, 자신의 삶을 되찾기 위한 첫걸음을 내디딜 수 있을 것이다. 그는 결국 악마의 사슬에서 벗어나 펜타클 킹의 현실적이고 안정적인 에너지를 회복하며, 펜타클 5가 암시하는 희망의 불빛을 찾아갈 것이다.

점점 비혼(非婚)이 늘어가는 시대, 시류를 좇아야 하나

30대 초반의 지연은 비혼(非婚)이 늘어가는 요즘 시류와 주변 분위기 속에서 고민이 깊다. 친구들 대부분 결혼을 포기하거나 결혼을 미루고 있는 상황에서, 지연은 자신도 자연스럽게 비혼을 선택할까 고민한다. 하지만 그녀는 항상 가족을 꾸리고 싶은 꿈을 품어온다. 최근에는 직장에서의 스트레스와 사회적 압박이 커지면서 결혼을 고려하게 되었다. 지연은 경제적으로나 개인적으로 어려운 상황이지만, 자신이 진정으로 원하는 가정을 이루고 싶다는 욕구가 크다. 이를 위해 결혼을 선택하려는 마음을 다지며, 비혼이 아닌 결혼을 통해 가족의 행복을 추구할 수 있을지 고민하는 중이다.

결혼은 개인적인 선택이지만, 사회적 환경과 주위의 영향에 따라 갈등을 겪을 수 있다. 특히 비혼이 늘어가는 요즘, 결혼을 선택한다는 것은 단순히 개인의 결정을 넘어서 여러 가지 고민과 상황을 고려해야 하는 문제이다. 비혼을 선택하기보다 결혼을 통해 가정의 행복을 추구하고 싶어 하는 지연에게 컵 3(Three of Cups), 완드 2(Two of Wands), 펜타클 4(Four of Pentacles) 3개의 카드가 등장하였다.

컵 3(Three of Cups) 카드는 우정과 축하의 상징으로, 관계의 기쁨과 조화로운 만남을 의미한다. 이 카드는 결혼이라는 선택이 단순히 개인의 욕구를 넘어, 가정과 커뮤니티의 행복을 위한 기회가 될 수 있음을 나타낸다. 결혼을 통해 두 사람은 서로 지지하고 사랑하며, 그 사랑은 축하받고 나누는 기쁨으로 이어진다. 이는 비혼이 늘어나는 요즘, 결혼을 선택한 사람이 결국 가족과 친지들과 함께 행복을 나누고자 하는 의지의 표현일 수 있다. 결혼이 단지 사회적 압박이나 시류로 결정되는 것이 아니라, 그 안에서 진정한 기쁨과 연대감을 추구하려는 욕구가 드러나는 것이다. 결혼을 통해 안정적이고 따뜻한 가정을 꾸리고 싶은 마음이 반영된 카드이다. 결혼이 단지 외부의 영향을 받아 이루어지는 선택이 아니라, 서로 사랑과 행복을 나누고자 하는 내면적인 욕망에서 비롯된 결정임을 보여준다.

하지만 결혼을 고려하는 사람은 때로 선택에 대한 불안과 불확실성을 느낄 수 있다. 바로 완드 2(Two of Wands) 카드가 이를 나타낸다. 이 카드는 선택의 기로에서 오는 갈등과 고민을 나타낸다. 결혼을 선택하려는 이들은 자신이 가진 꿈과 목표, 혹은 현재 상황에 대한 고민을 하고 있을 가능성이 크다. 결혼을 통한 가정의 행복을 추구하고자 하는 욕구가 있지만, 동시에 개인적인 자유와 독립을 포기하는 것에 대한 두려움이 있을 수 있다. 이 카드는 자신이 무엇을 원하는지, 결혼이 자신의 삶에 어떤 영향을 미칠지 깊이 고민하고 선택을 해야 한다는 메시지를 전달한다. 결혼을 선택하는 일이 진정한 행복을 가져올지, 아니면 다른 대안이 있을지 신중하게 생각해야 한다는 점을 시사한다. 결혼이라는 큰 결정을 내리기 전에, 자신의 가치관과 삶의 목표를 되돌아보며 무엇이 중요한지 다시 한 번 점검하는 과정이 필요하다.

마지막으로 펜타클 4(Four of Pentacles) 카드는 안전과 안정에 대한 욕구를 나타낸다. 결혼을 통해 가정을 꾸린다는 것은 금전적, 정서적 안정성을 추구하는 과정이기도 하다. 이 카드는 결혼을 선택하는 사람이 안정적인 삶을 원하는 마음을 보여준다. 하지만 동시에 지나치게 안전만을 추구하다 보면, 자칫 변화나 새로운 경험을 피하게 될 수 있음을 경고한다. 결혼은 가정의 안정성을 높여주는 중요한 요소이지만, 결혼 생활에서 오는 책임감과 의무가 때로는 개인의 자유를 제한할 수 있다. 이 카드는 결혼을 선택할 때, 가정의 안정적인 행복을 추구하는 것도 중요하지만, 그 선택이 개인적인 성장과 자유를 얼마나 보장할 수 있을지도 고민해야 함을 알려준다. 결혼 후에는 가정과 직장에서의 균형을 맞추는 것도 중요한 과제가 될 수 있다. 안전을 추구하는 마음도 존중되어야 하지만, 지나치게 자신을 얽매이지 않도록 신경 써야 한다.

결혼을 선택하는 일은 그 자체로 큰 결단이다. 컵 3은 결혼을 통해 얻을 수 있는 기쁨과 축하를, 완드 2는 결혼에 대한 갈등과 고민을, 펜타클 4는 안정성과 책임감에 대한 욕구를 나타낸다. 결혼을 통해 가정의 행복을 추구하려는 욕구는 확실히 올바른 선택이 될 수 있다. 하지만 그 선택이 개인적인 욕구와 꿈을 얼마나 존중할 수 있을지, 그리고 결혼 후의 책임과 의무를 어떻게 감당할 수 있을지 깊은 성찰이 필요하다. 결국 결혼은 단순한 사회적 규범이나 시류를 따르기보다는, 자신이 진정으로 원하는 삶을 위해 선택하는 것이다. 결혼이 가져오는 행복은 외부적인 요인만으로 결정되지 않는다. 내면적인 충족과 상호 존중이 바탕이 되어야 진정한 가정의 행복을 실현할 수 있다.

부모님을 넉넉히 도와드릴 수 없는 한서준

한서준은 최근 부모님의 건강이 악화되면서 경제적으로 부담을 느끼고 있다. 부모님은 오랫동안 민수를 위해 헌신적으로 살아왔지만, 현재 서준은 안정적인 직장을 갖지 못해 자신의 수입으로 부모님을 지원해야 하는 상황에 처해 있다. 서준은 부모님께 도움을 드리고자 하는 마음에서 매달 생활비와 의료비를 지원하고 있지만, 이러한 책임감은 그에게 큰 부담으로 다가온다. 그는 부모님의 건강을 챙기고자 하는 사랑과 동시에 자신의 미래를 위해 독립적으로 살아가고자 하는 욕구 사이에서 갈등을 겪고 있다. 서준은 부모님을 도우면서도 자신의 경제적 안정을 유지할 수 있는 방법을 찾고자 노력하지만, 부모님은 그의 노력을 충분히 이해하지 못하고 계속해서 더 많은 지원을 요구한다. 이로 인해 가족 간의 대화가 자주 긴장되고, 서준은 자신의 감정을 솔직하게 표현하는 데 어려움을 겪으며 스트레스를 받는다.

부모님이 아들에게 경제적 지원을 원하는 상황에서, 아들은 그에 대한 부담감을 느낄 수 있다. 이 상황은 두 가지의 주요 감정이 교차하는 지점이다. 부모님의 기대와 아들의 감정적 부담이 얽히며, 이를 해결하기 위한 길은 자신만의 균형을 찾는 데 있다. 타로 카드는 이러한 감정의 교차로에서 자신을 돌아보고, 내면의 갈등을 이해하며, 적절한 결정을 내릴 수 있는 지혜를 제공할 수 있다.

서준 앞에는 '절제(Temperance)', '펜타클 7(Seven of Pentacles)', '컵 10(Ten of Cups)' 카드가 펼쳐져 부모와 자식 간의 경제적 부담과 그로 인한 심리적 갈등을 풀어가는 방법을 조언한다.

'절제' 카드는 균형과 절제의 중요성을 강조하는 카드로, 두 가지 상반된 요소를 결합하는 능력을 상징한다. 이 카드가 등장한 것은 서준이 부모님의 기대에 대한 부담을 느끼고 있을 때, 자신만의 속도와 방식으로 그 기대를 조절할 필요가 있음을 나타낸다. 서준은 부모님이 원하는 경제적 지원을 거절하거나, 과도한 압박을 받지 않고 자신만의 길을 찾기 위해 노력해야 한다. '절제'는 단지 상황을 피하거나 회피하는 것이 아니라, 두 가지의 상반된 요구를 서로 맞춰 가며 조화롭게 이끌어가야 한다는 메시지를 전달한다. 부모님의 요청에 대해 완전한 거절이나 무조건적인 수용은 이 문제를 해결할 수 없으며, 서준은 자신의 한계를 인식하고 그에 맞는 방법으로 상호작용을 해야 한다. 이 카드가 보여주는 길은 감정적인 균형을 맞추는 것과 동시에 현실적인 조건을 고려한 결단을 내리는 것이다.

'펜타클 7' 카드는 결과를 기다리는 인내와 노력의 중요성을 나타낸다. 이 카드는 서준이 현재의 경제적 지원에 대해 느끼는 부담감과 관계있다. 서준은 부모님의 경제적 요구를 충족시키기 위한 노력과 그에 따른 장기적인 결과를 고찰할 필요가 있다. '펜타클 7'은 뿌린 씨앗이 자라기를 기다리는 시간의 흐름을 보여준다. 즉, 서준은 일시적인 해결책을 제공하기보다는 장기적인 관점에서 어떻게 자신과 부모님 모두에게 유리한 결과를 가져올 수 있을지를 고민해야 한다. 이를 통해 서준은 자기 자신에게 더 많은 신뢰를 쌓고, 부모님에게도 자신의 입장을 명확하게 설명할 수 있는 기회를 가지게 된다. '펜타클 7'이 말하는 것은 단기적인 성과를 기대하기보다는 긴 호흡으로 미래를 설계하는 것이며, 경제적 지원이라는 문제를 해결하는 데 있어 한 번에 모든 것을 해결하려 하지 말고, 천천히 하나씩 풀어가야 한다는 것이다.

'컵 10'은 감정적 만족과 가족 간의 조화를 상징하는 카드로, 이 카드가 등장하는 것은 서준과 부모님의 관계에서 서로 기대를 이해하고, 결국 서로가 만족할 수 있는 해결책을 찾아갈 수 있음을 의미한다. 부모님은 서준에게 경제적 지원을 원하는 마음에서 오는 사랑과 걱정이 크고, 서준은 이러한 기대 속에서 부담감을 느끼는 것이다. 그러나 '컵 10'은 궁극적으로 가족 간의 사랑과 이해가 중요한 해결책이 될 수 있음을 시사한다. 서준은 부모님의 기대를 부정하는 것이 아니라, 그들이 원하고 필요로 하는 것에 대해 함께 고민하고, 상호작용을 통해 서로 감정을 이해하는 방식으로 접근해야 한다. '컵 10'은 이러한 대화와 조화를 통해 갈등을 해소하고, 최종적으로 모두가 행복과 만족을 느낄 수 있다는 메시지를 전한다. 부모와 서준 모두가 이 과정에서 진심 어린 소통을 이어간다면, 결국 각자의 역할을 이해하고, 서로 지원하는 방식으로 긍정적인 결실을 맺을 수 있다.

결국, 부모님과 서준 간의 경제적 지원을 둘러싼 갈등은 결국 균형과 조화를 찾는 문제이다. '절제' 카드가 말하는 것처럼, 서준은 부담을 느끼지 않도록 자신만의 속도와 방식을 지키면서 부모님의 요구와 자신의 감정을 균형 있게 조율해야 한다. '펜타클 7'은 장기적인 시각을 가져야 한다는 교훈을 주며, 단기적인 해결책보다는 시간과 노력이 필요한 과정을 이해하도록 돕는다. 마지막으로 '컵 10'은 가족 간의 이해와 사랑이 갈등 해결의 핵심임을 일깨운다. 이 세 가지 카드는 서준이 부담을 덜고, 부모님과의 관계에서 건강한 균형을 찾는 여정을 제시한다. 이를 통해 서준은 경제적 지원을 요구하는 부모님의 기대를 자연스럽게 수용할 수 있으며, 두 사람 모두 만족할 수 있는 결과를 얻을 수 있다.

지은은 남친 태훈과 감정 충돌이 잦다

지은은 오랜 연애 중 상대방인 태훈과 자주 감정적으로 충돌을 겪는다. 태훈은 자신이 느끼는 감정을 잘 표현하는 스타일이 아니라서, 지은은 종종 그가 무엇을 생각하는지, 어떤 감정을 느끼는지 이해하지 못해 불안하다. 예를 들어, 태훈이 무뚝뚝하게 대할 때 지은은 그가 자신에게 마음이 멀어진 것 같다고 생각하지만, 태훈은 단지 직장에서 스트레스를 받고 있었을 뿐이다. 이런 오해가 반복되자, 지은은 점점 더 태훈에게 서운함을 느끼고, 그로 인해 감정적으로 멀어지게 된다. 두 사람은 자주 말다툼을 벌였지만, 대화의 부족으로 서로 진심을 알지 못한 채 감정의 골이 깊어간다.

연애에서 상대방의 감정을 잘 이해하지 못해 자주 문제가 발생하는 경우, 타로 카드를 통해 그 해결의 실마리를 찾을 수 있다. 타로는 감정의 흐름과 사람들 간의 관계를 심층적으로 탐구하는 도구로, 카드가 지닌 메시지를 통해 자신과 상대방의 내면을 이해하고, 더 나은 소통을 위한 길을 열어준다.

지은과 태훈 앞에는 고위 여사제(The High Priestess), 컵 킹(King of Cups), 펜타클 퀸(Queen of Pentacles) 카드가 등장하였다. 각 카드는 연애에서 두 사람의 감정적 불일치와 그것을 해결할 수 있는 방법을 제시해줄 것이다.

고위 여사제 카드는 직관과 내면의 지혜를 상징한다. 이 카드는 감정의 깊이를 이해하고, 그 밑에 숨어 있는 진실을 찾아야 한다는 메시지를 준다. 상대방의 감정을 잘 이해하지 못하는 상황에서 고위 여사제는 마음의 소리에 귀 기울일 것을 권한다. 말로 표현되지 않은 감정이나, 말의 뒷면에 숨겨진 진심을 읽어야 한다. 이 카드는 상대방이 감정을 표현하지 않더라도, 그가 경험하고 있는 내면의 갈등이나 불안을 이해하려는 노력이 필요함을 시사한다. 감정의 흐름은 종종 무의식적으로 드러나는데, 그것을 인식하고 존중하는 것이 중요한 단계이다. 고위 여사제의 에너지는 '무엇이 진짜인지'에 대한 인식을 강화시킨다. 따라서 상대방의 감정에 대해 더 민감하고 직관적인 접근을 하게 되면, 관계에서 발생하는 오해를 줄일 수 있다.

컵 킹 카드는 감정을 안정적으로 다루는 능력을 가진 인물로, 감정을 통제하고 균형을 유지하는 방법을 상징한다. 이 카드는 상대방의 감정을 이해하는 데 있어 중요한 역할을 한다. 컵 킹은 감정적으로 성숙하고, 타인의 감정을 존중하며, 신뢰를 주는 인물이다. 연애에서 상대방의 감정을 잘 이해하지 못하는 문제는 종종 감정의 표현 방식이 다르기 때문이다. 컵 킹은 상대방의 감정을 존중하고, 그 감정을 어떻게 받아들이고 대응할 것인지에 대한 성숙한 태도를 강조한다. 이 카드는 대화를 통해 감정의 균형을 맞추고, 서로 감정을 편안하게 표현할 수 있는 환경을 만드는 것이 중요하다고 말한다. 감정적으로 격해지지 않고, 상대방의 입장에서 상황을 바라보는 능력이 필요하다. 감정적 지혜를 발휘하며 상대방의 말과 행동을 정확하게 이해하려는 노력이 연애에서의 갈등을 줄일 수 있다.

펜타클 퀸 카드는 실용적이고 안정적인 성격을 지닌 인물로, 물질적, 정서적 안정감을 제공하는 역할을 한다. 이 카드는 연애에서 안정적이고 실용적인 접근이 필요함을 나타낸다. 상대방의 감정을 잘 이해하지 못하는 문제를 해결하려면, 서로 감정을 이해하고 안정적인 관계를 구축할 수 있는 토대가 필요하다. 펜타클 퀸은 관계에서 상호 존중과 신뢰를 바탕으로 실질적인 해결책을 찾아가는 것이 중요하다고 말한다. 이 카드는 감정의 문제를 해결하기 위해서는 단기적인 감정의 흐름에만 의존하지 말고, 장기적인 관계의 안정을 도모하는 것이 필요함을 알려준다. 실용적인 측면에서, 두 사람이 서로 감정을 표현할 수 있는 시간을 만들고, 문제를 현실적으로 해결하는 방법을 모색하는 것이 중요하다. 펜타클 퀸은 관계의 안정성을 유지하기 위한 실질적인 노력과 지속적인 배려를 강조한다.

고위 여사제, 컵 킹, 펜타클 퀸 카드는 모두 감정을 이해하고 다루는 데 중요한 가르침을 준다. 고위 여사제는 직관과 내면의 지혜를 통해 상대방의 숨겨진 감정을 읽어낼 수 있도록 도와주며, 컵 킹은 감정적 성숙함과 균형을 강조해 대화와 이해를 통해 관계를 개선할 수 있는 방법을 제시한다. 펜타클 퀸은 실용적이고 안정적인 접근으로, 감정을 이해하고 문제를 해결하기 위해 실질적인 노력을 기울일 것을 권한다. 이 세 카드는 감정의 흐름을 제대로 이해하고, 관계에서 발생하는 오해와 갈등을 해결할 수 있는 중요한 길잡이가 된다. 상대방의 감정을 제대로 이해하고 다루는 것은 연애에서만 중요한 것이 아니라, 모든 인간관계에서 중요한 가치로 작용한다. 이러한 카드를 통해 감정적 혼란에서 벗어나, 더 건강하고 안정적인 관계를 구축해 나갈 수 있다.

무엇을 해도 성취감이 없어지는 지우

지우는 자신이 무엇을 해도 성취감을 느낄 수 없다는 생각이 가득 차 괴로워하고 있다. 매일 열심히 하루를 시작하지만, 시간이 지나도 딱히 이루어지는 게 없어서 성취감은커녕 점점 더 지쳐만 간다. 직장 프로젝트는 끝나지 않는 과업처럼 느껴지고, 개인적인 목표 역시 아무리 노력해도 결과가 나오지 않는다. 친구들은 자신이 열심히 살아가는 모습을 보고 칭찬하지만, 지우는 그 칭찬이 공허하게 들린다. 언제나 한계를 넘어서려 노력해도, 그 끝이 보이지 않는 것 같다. 결국, 자신이 아무리 애써도 결과가 따라주지 않으니, 자신감을 잃어가고, 매일 하루하루를 버티는 듯한 기분이 든다. 이러한 무력감에 빠져 있는 지우는 어떻게 해야 성취감을 느끼며 살 수 있을지 막막하다.

무엇을 해도 성취감이 없어서 지친다는 고민은 적잖은 사람들에게 공통적인 경험이다. 자신이 열심히 노력했음에도 결과가 따르지 않거나, 성취한 것들이 자신에게 의미가 없을 때, 그 사람은 불안과 좌절을 느낄 수 있다. 이러한 감정은 내면에서 계속 쌓여 불안정한 상태를 초래하며, 결국 자신감을 잃고 무기력해지기 쉽다. 타로는 이러한 감정을 들여다보고, 그 안에 숨겨진 메시지나 원인들을 밝혀내는 데 유용한 도구가 된다.

무엇을 해도 성취감이 없어서 지친다는 지우에게 펜타클 4(Four of Pentacles), 소드 5(Five of Swords), 소드 8(Eight of Swords)이 나타났다. 이 카드들은 각기 다른 방식으로 지우가 경험하는 불안과 성취감 부족을 설명하고, 해결의 실마리를 제공할 수 있다.

펜타클 4는 물질적 안정이나 보안을 중시하는 사람에게 나타나는 카드이다. 이 카드는 '내가 가지고 있는 것을 지키기 위해 지나치게 집착하는' 모습을 보여준다. 그 사람은 자신의 소유물이나 현상적인 안전을 확보하기 위해 지나친 에너지를 쏟고 있지만, 결국 그것은 자기 자신을 더욱 갇히게 한다. 성취감이 없는 이유는, 그 사람이 목표를 외적인 안정성에 맞추고, 그 과정에서 자신이 진정으로 원하는 것이 무엇인지 잃어버렸기 때문이다. 타로는 이를 통해, 외적인 물질적 안정이 내면의 평화를 가져다주지 않는다는 사실을 일깨운다. 성취감은 물질적 성공에만 의존하지 않고, 내적인 만족과 성장이 함께 이루어져야 한다는 점을 알려준다.

소드 5는 충돌과 갈등을 나타내는 카드이다. 이 카드는 '다른 사람들과의 경쟁에서 승리하려는 강박'이나 '타인과의 비교에서 오는 상처'를 표현한다. 성취감 부족을 느끼는 사람은 종종 자신과 타인을 비교하고, 다른 사람들의 성공을 부러워하며 자신이 부족하다고 느낀다. 이 카드는 경쟁에서 오는 고립과 갈등의 상황을 반영하며, 그 사람의 성취감이 다른 사람들의 인정이나 경쟁 결과에 의해 결정되고 있음을 보여준다. 그러나 중요한 점은, 성취감이 외부의 평가나 비교에 의해 좌우되면, 그것은 항상 불안정하고 불완전한 것에 불과하다는 것이다. 자신만의 기준을 세우고, 다른 사람들과의 비교를 멈추는 것이 진정한 성취감을 찾는 첫걸음이 된다.

소드 8은 정신적 구속과 한계를 나타내는 카드이다. 이 카드는 '자신이 처한 상황을 벗어날 수 없다고 느끼는' 상태를 보여준다. 성취감을 느끼지 못하는 이유는 때로 자신의 능력을 의심하거나, 현실의 한계에 갇혀 있다고 생각하기 때문이다. 소드 8은 실제로 그 사람이 제한된 상황에 있는 것이 아니라, 그가 자신의 생각과 신념에 의해 자신을 제한하고 있다는 것을 나타낸다. 이러한 제한된 사고방식은 성취감을 방해하며, 이 카드가 나왔을 때 지우는 자신의 상황을 재평가하고, 더 넓은 시각으로 바라보는 것이 필요하다. 외적인 상황보다 중요한 것은 그 상황을 어떻게 받아들이고,

그 안에서 어떤 가치를 발견할 수 있는지에 대한 마음가짐이다.

이 세 카드는 모두 성취감 부족을 느끼는 사람에게 중요한 메시지를 전달한다. 첫째, 물질적 안정에 지나치게 집착하면 내면의 평화와 성취감을 찾을 수 없다는 점을 일깨운다. 둘째, 다른 사람들과의 비교에서 오는 갈등을 줄여야 진정한 성취감을 얻을 수 있다는 점을 강조한다. 셋째, 자신의 사고방식을 확장하고, 외적인 상황에 의한 제한을 넘어서야 진정한 자유와 성취감을 경험할 수 있다는 것이다.

따라서 이 상담을 통해 지우에게 가장 중요한 점은, 내면의 불안감을 외부적인 것들로 채우려 하지 말고, 진정한 자아와 연결되는 방법을 찾는 것이다. 성취감은 외적인 것에 의한 평가가 아닌, 자신이 무엇을 원하고, 무엇에 가치를 두는지에 따라 달라진다. 이 과정을 통해, 지우는 자신의 길을 찾고, 진정한 성취감을 느낄 수 있게 될 것이다.

출산 후 직장 내 분위기나 처우가 걱정되는 지선

지선 씨는 32세의 직장인으로, 현재 중견기업의 마케팅 부서에서 7년째 근무 중이다. 평소 성실함과 꼼꼼함으로 팀 내에서도 인정받는 그녀는 최근 결혼 2년 차에 접어들며 본격적으로 임신을 계획하기 시작했다. 그러나 얼마 전, 같은 팀 동료인 미영 씨가 임신 소식을 전한 후, 상사가 그녀를 향해 "팀의 중요한 시기에 책임감이 부족하다"며 불편한 기색을 내비친 것을 지켜보며 큰 충격을 받았다. 동료들 사이에서도 "어차피 육아휴직 들어가면 일은 결국 우리가 다 떠안게 된다"는 뒷말이 오가는 것을 들은 지선 씨는 자신이 임신 계획을 밝히는 순간 비슷한 시선과 태도를 감당해야 할 것이라는 두려움에 사로잡혔다. 마음속에선 직장 내의 시선과 미래의 가정을 위한 준비 사이에서 갈등이 계속 일어나는 중이다.

지선 씨의 이야기는 요즘 젊은 사람들이 겪고 있을 법한 갈등과 고민을 담고 있다. 특히, 직장에서의 성실함과 책임감, 그리고 가정에 대한 기대 사이에서의 균형을 맞추려는 노력은 현대 사회에서 여성들이 자주 마주하는 도전이다. 직장에서의 승진과 경력 관리, 가정에서의 역할과 육아에 대한 기대는 때로 서로 충돌하며, 이로 인해 큰 정신적 부담을 주기도 한다. 지선 씨가 겪고 있는 상황은 단순히 개인의 문제가 아니라, 사회적으로 중요한 질문을 던지고 있다. "일과 가정 사이에서 어떻게 균형을 맞출 수 있을까?"라는 질문은 많은 사람이 한 번쯤 고민해봤을 문제일 것이다.

타로 카드는 완드 10(Ten of Wands), 컵 7(Seven of Cups), 펜타클 퀸(Queen of Pentacles)이 나왔다.

첫 번째로 등장한 카드는 완드 10이다. 완드 10은 과중한 짐을 짊어지고 있는 모습을 나타내는 카드로, 지선 씨의 현재 상황을 잘 나타낸다. 그녀는 직장에서의 책임감과 가정에 대한 기대, 심지어 임신 계획까지 모든 것을 스스로 짊어지고 있는 느낌을 받을 것이다. 이 카드는 단순히 물리적인 짐뿐만 아니라, 정신적이고 감정적인 짐도 포함한다. 자신이 모두 해결해야 한다는 압박감, 동료들이나 상사의 시선에 대한 두려움은 지선 씨의 마음을 더욱 무겁게 만든다. 하지만 완드 10은 이 짐을 계속 지고 있을 수는 없다는 메시지를 전한다. 짐을 내려놓는 것, 때로는 다른 사람과의 협력을 통해 부담을 나누는 것이 필요하다. 모든 것을 혼자 해결하려고 할 때, 결국 더 큰 스트레스와 부담이 쌓이기 마련이다. 지선 씨는 자신이 짊어지고 있는 짐을 내려놓고, 주변 사람들에게 도움을 청할 수 있는 용기를 가져야 한다. 일에서의 부담을 동료들과 나누고, 가정에서도 배우자와의 역할을 재조정하는 방법을 찾아야 한다. 완드 10은 그녀에게 "당신은 이미 많은 짐을 짊어지고 있다. 이제 그 짐을 나누어도 된다"고 말하고 있다.

두 번째 카드는 컵 7이다. 컵 7은 여러 가지 선택지와 가능성 앞에서 혼란스러워하는 상황을 상징한다. 지선 씨는 현재 직장에서의 시선, 가정의 기대, 그리고 자신이 원하는 삶의 방향에 대해 많은 갈등을 겪고 있을 것이다. 특히, 동료들의 비판적인 태도와 상사의 시선이 그녀를 더욱 불안하게 만들고 있다. 이 카드는 그녀에게 너무 많은 선택과 기대가 그녀의 마음을 혼란스럽게 하고 있다는 것을 말해준다. 지선 씨는 자신이 해야 할 일들이 너무 많고, 무엇을 선택해야 할지 모르겠다는 느낌을 받으며 그로 인해 불안감을 느낄 수 있다. 그러나 컵 7은 단순히 선택지에 대해 고민하는 것뿐만 아니라, "자신의 진정한 욕구를 찾아보라"는 메시지를 전달한다. 지선 씨는 지금 여러 가지 시선과 선택 사이에서 방향을 잃은 듯 느껴질 수 있지만, 결국 중요한 것은 자신이 진정으로 원하는 삶을 찾아가는 것이다. 가정에서의 행복, 직장에서의 만족, 그리고 자신의 꿈을 향해 나아갈 수 있는 길을 찾아보아야 한다. 컵 7은 그녀에게 "너무 많은 가능성에 휘둘리지 말고, 자신이 진정으로 원하는 길을 선택하라"고 말하고 있다.

마지막으로 나온 카드는 펜타클 퀸이다. 펜타클 퀸은 실용적이고, 현실적이며, 모든 것을 안정적으로 관리하는 여성을 상징한다. 이 카드는 지선 씨에게 현실적인 해결책을 제시한다. 그녀가 고민하는 문제는 감정적인 혼란보다는 실질적인 선택과 계획에 대한 것이다. 펜타클 퀸은 자신의 삶을 신중하고 균형 있게 계획하는 인물로, 지선 씨가 이 상황을 해결하기 위해서는 구체적인 계획과 준비가 필요하다는 것을 알려준다. 지선 씨는 직장에서의 부담을 덜어내고, 가정에서도 자신의 역할을 충실히 할 수 있도록, 현실적인 계획을 세워야 한다. 또한, 펜타클 퀸은 "자신을 돌보고, 자신에게 필요한 것을 우선시하라"는 메시지도 전달한다. 그녀는 모든 것을 다 하려고 하지 않고, 자신의 건강과 정신적 안정도 중요하게 생각한다. 지선 씨는 자신의 꿈을 추구하면서도, 그 과정에서 자신의 몸과 마음을 잘 돌봐야 한다. 펜타클 퀸은 그녀에게 "당신은 책임감이 강한 사람이지만, 자신을 돌보는 것 또한 중요하다"는 교훈을 전하고 있다.

지선 씨의 이야기를 통해, 우리는 일과 가정 사이에서의 갈등을 어떻게 해결할 수 있는지에 대한 중요한 교훈을 얻을 수 있다. 삶에서의 갈등은 피할 수 없는 부분일 수 있지만, 그 갈등을 어떻게 해결하느냐가 중요하다. 혼자서 모든 것을 짊어지려고 하기보다는, 주변 사람들과 협력하고, 자신이 진정으로 원하는 삶의 방향을 찾아가야 한다. 또한, 실용적인 계획을 세우고, 그 계획에 따라 한 걸음씩 나아가는 것이 필요하다. 지선 씨가 이 타로 카드를 통해 자신의 고민을 풀어내고, 더 나아가 삶의 균형을 찾기를 바란다. 그녀가 직장과 가정에서 모두 행복하고 안정된 삶을 만들어가기를 기원한다.

하연 씨 고민, 대학원 진학과 경제적 부담

대학을 졸업한 지 2년 차인 하현은 현재 중소기업에서 일하고 있다. 그녀는 회사 업무를 하면서도 자신의 전문성을 키우고 싶어 대학원 진학을 고민하고 있다. 하지만 매달 나가는 월세와 생활비, 이미 갚아야 할 학자금 대출이 그녀를 망설이게 한다. 부모님은 은퇴를 앞두고 있어 더이상 경제적인 지원을 기대하기 어려운 상황이다. 하현은 대학원을 졸업하면 더 좋은 직장으로 이직하거나 연봉이 오를 가능성이 크다는 이야기를 들었지만, 당장 등록금과 생활비를 어떻게 충당할지 막막하기만 하다. 장학금을 받기 위해 성적 경쟁을 해야 하고, 대출을 받으면 더 큰 빚을 짊어져야 한다는 부담이 그녀를 짓누른다. "대학원 진학이 내 커리어에 정말 필요한 선택일까? 아니면 무리한 도전일까?"라는 질문이 머릿속을 떠나지 않는다.

하현의 이야기는 우리 주변에서 흔히 볼 수 있는 청년들의 현실을 담고 있다. 대학을 졸업한 이후 취업에 성공했지만, 여전히 미래를 위한 선택의 무게가 그녀를 짓누른다. 경제적 부담과 불확실한 미래 앞에서 하현은 대학원 진학이라는 새로운 도전을 꿈꾸지만, 동시에 두려움을 느끼고 있다. 이런 상황에서 그녀는 타로 카드를 통해 자신의 마음속 깊은 곳에 있는 진실과 마주하기로 한다. 타로 카드는 펜타클 에이스(Ace of Pentacles), 완드 9(Nine of Wands), 소드 6(Six of Swords)이 선택되었다.

첫 번째로 뽑힌 카드는 펜타클 에이스다. 이 카드는 물질적 풍요와 새로운 시작을 상징한다. 하현의 현재 상황에서 펜타클 에이스는 그녀가 가진 잠재력을 보여준다. 그녀는 이미 중소기업에서의 경험을 통해 실무 능력을 쌓아왔고, 대학원 진학이라는 선택은 그녀에게 새로운 가능성을 열어줄 수 있다. 이 카드는 기회가 그녀 앞에 있다는 것을 암시한다. 하지만 이 기회는 저절로 찾아오는 것이 아니다. 하현이 두려움을 넘어 손을 뻗는다면, 그녀는 자신만의 결실을 맺을 수 있을 것이다.

두 번째로 나타난 카드는 완드 9이다. 이 카드는 끈기와 경계심을 상징하며, 도전 앞에서의 상처와 경험을 떠올리게 한다. 하현이 대학원 진학을 고민하면서 느끼는 부담과 두려움은 이미 그녀가 겪어온 어려움에서 비롯된 것이다. 그녀는 학자금 대출과 생활비 부담 속에서도 꿋꿋이 견뎌왔고, 그 과정에서 자신을 보호하기 위해 많은 벽을 세웠다. 하지만 완드 9는 그녀에게 말한다. 과거의 상처와 어려움은 지금의 그녀를 강하게 만들었고, 앞으로의 도전을 위해 중요한 자산이 될 것이라고. 그녀는 자신의 경험을 바탕으로 더 나은 선택을 할 준비가 되어 있다.

마지막으로 뽑힌 카드는 소드 6이다. 이 카드는 여행과 이동, 그리고 새로운 국면으로의 전환을 상징한다. 하현의 고민은 결국 현재 상황을 넘어 더 넓은 세상으로 나아가고자 하는 열망에서 비롯된다. 소드 6은 그녀가 이 과정에서 감내해야 할 아픔과 어려움이 있음을 보여준다. 하지만 동시에 이 카드는 그녀가 자신을 믿고 앞으로 나아가야 한다는 메시지를 준다. 새로운 길은 두렵고 낯설 수 있지만, 그것이야말로 성장의 본질이다. 그녀가 대학원이라는 선택을 한다면, 그 여정은 단순히 커리어를 위한 발판을 넘어 자신을 더욱 단단하게 만드는 과정이 될 것이다.

하현은 타로 카드를 통해 자신이 가진 두려움과 가능성을 새롭게 바라보기 시작한다. 펜타클 에이스는 그녀에게 기회를 상기시키고, 완드 9은 그녀가 이미 겪어온 고난이 헛되지 않았음을 알려준다. 그리고 소드 6은 그녀에게 나아갈 용기를 준다. 이 세 장의 카드는 각각 그녀의 마음속에서 균형을 이루며, 그녀가 어떤 결정을 내리더라도 그것이 결국 그녀의 성장을 위한 선택임을 암시한다.

대학원 진학은 단순히 더 좋은 직장을 얻기 위한 도구가 아니라, 그녀가 자신을 믿고 한 단계 더 나아가는 여정의 시작일 수 있다. 하현은 이제 그녀에게 필요한 것이 무엇인지 자신에게 물어본다. 현실적인 어려움은 여전히 존재하지만, 그녀는 타로가 전한 메시지를 통해 조금씩 자신감을 찾아간다. 그녀의 마음속에는 작은 희망의 씨앗이 심어졌고, 그것은 그녀가 자신의 삶을 더욱 주체적으로 이끌어갈 수 있도록 도와줄 것이다.

이 이야기는 하현의 고민을 넘어 우리 모두에게 의미를 남긴다. 때로는 눈앞의 현실이 벽처럼 느껴질 수 있다. 하지만 타로가 전하는 메시지는 명확하다. 우리는 각자의 자리에서 이미 충분히 많은 것을 이루어냈으며, 앞으로 나아갈 용기를 가질 때 새로운 길이 열릴 것이다. 하현의 여정은 이제 막 시작되었고, 그녀는 더 넓은 세상을 향해 한 걸음씩 나아갈 것이다. 그 과정에서 그녀가 얻는 깨달음은 비단 그녀만의 것이 아니라, 이 글을 읽는 모든 이에게도 깊은 울림으로 다가올 것이다.

직장 내 인간관계가 힘들어 그만 두고 싶은 수진

　수진은 광고 기획 회사에서 3년째 근무 중인 마케터이다. 최근 그녀는 신제품 캠페인 전략 회의에서 자신의 아이디어를 적극적으로 제안하지만, 상사는 그녀의 의견을 일축하며 다른 방향을 지시한다. 동료들조차 상사의 의견에 맞춰 고개를 끄덕이며 수진을 외면하는 듯한 태도를 보인다. 팀 내 소통은 점점 단절되어 갔고, 수진은 자신의 의견이 항상 무시당한다는 생각에 자신감을 잃기 시작한다. 집에 돌아와도 회사 일 생각에 잠을 이루기 어렵고, 출근길마다 가슴이 답답해지는 느낌이 든다. 결국, 그녀는 "계속 이대로 버텨야 할까, 아니면 새로운 길을 찾아야 할까?"라는 고민에 빠지게 된다.

　이 고민을 안고 타로 카드를 뽑았을 때, 펜타클 7(Seven of Pentacles), 소드 6(Six of Swords), 완드 킹(King of Wands)이 나왔다. 이 카드는 수진의 현재 상황과 앞으로 나아가야 할 방향을 비추는 거울이 된다.

펜타클 7은 그녀가 지금까지의 노력을 돌아보고 있는 모습을 상징한다. 그녀는 지금의 직장에서 오랜 시간 공을 들여왔고, 그동안의 성취를 무시할 수 없다. 하지만 이 카드가 주는 메시지는 단순히 멈춰 서서 회고하는 것에서 그치지 않는다. 더 나아가, 자신의 노력이 올바른 방향으로 쓰이고 있는지 점검하고, 필요하다면 과감히 새로운 선택을 해야 한다고 말한다. 수진이 느끼는 답답함은 무언가 변화가 필요하다는 신호일지도 모른다.

소드 6은 이동과 변화의 에너지를 담고 있다. 이 카드는 물 위를 조용히 떠가는 배의 이미지를 통해, 현재의 어려움에서 벗어나 더 평온한 곳으로 향하는 여정을 나타낸다. 수진은 지금 머무는 곳이 자신에게 안정감을 주지 못하고 있다는 사실을 이미 직감하고 있다. 이 카드가 제안하는 것은 그녀가 새로운 길을 모색함으로써 더 나은 환경과 기회를 찾을 수 있다는 것이다. 중요한 점은 이 변화가 갑작스럽고 혼란스러운 것이 아니라, 그녀가 차분히 준비하고 계획하여 움직이는 과정임을 강조한다. 현재의 고민은 고통스러운 과정처럼 느껴질 수 있지만, 이 카드는 그녀가 앞으로 나아갈 방향에 희망과 가능성이 있음을 알려준다.

완드 킹은 리더십과 창의적인 비전을 상징한다. 이 카드는 수진이 결국에는 자신의 열정을 다시 되찾고, 주도적으로 자신의 삶을 설계해 나갈 수 있음을 암시한다. 현재의 어려움은 그녀가 더 단단해지고, 자신의 가치를 새롭게 정의하는 계기가 될 것이다. 완드 킹은 수진에게 그녀의 창의력과 리더십이 아직도 중요한 자산이며, 지금의 답답함에서 벗어나기 위해 스스로 자신의 방향을 잡아야 한다고 말한다. 그녀가 자신을 믿고 행동으로 옮길 때, 그녀의 내면에 잠재된 힘은 그녀를 새로운 기회의 문으로 이끌 것이다.

수진의 이야기는 충분히 공감할 수 있는 고민을 담고 있다. 우리는 종종 현재의 자리에서 벗어나야 할지, 아니면 더 견디며 머물러야 할지 갈등한다. 그러나 타로 카드가 보여주는 메시지는 단순하다. 우리의 노력은 반드시 그만한 의미가 있으며, 변화는 두려움보다는 새로운 가능성을 열어줄 수 있다. 지금의 어려움은 지나가는 과정일 뿐, 그것이 전부가 아님을 기억해야 한다.

수진은 이 세 장의 카드를 통해 자신을 돌아보고, 앞으로 나아갈 용기를 얻을 수 있다. 그녀가 자신의 노력과 가능성을 믿고 한 걸음 내디딘다면, 그녀의 앞에는 분명 더 나은 길이 열릴 것이다. 타로는 수진에게 새로운 길로의 여정을 축복하며, 그녀가 그 길 위에서 자신의 빛을 찾을 수 있도록 응원한다.

주식 투자 금액은 점점 늘고, 투자 실패 두려움은 커지고

현정은 30대 프리랜서로, 경제적 독립과 안정감을 꿈꾸며 주식 투자를 시작했다. 처음에는 용돈을 아껴 소액으로 시작한 투자에서 소소한 수익을 얻으며 자신감을 쌓아갔다. 하지만 주식 시장은 그녀의 예상과 다르게 냉혹했다. 하락장은 예고 없이 찾아왔고, 한 순간의 방심이 큰 손실로 이어졌다. 손실을 만회하고자 점점 투자 금액을 늘리면서, 어느새 전 재산의 절반 이상이 주식에 묶이는 상황이 되었다. 매도와 매수의 타이밍을 잡지 못한 채 차트만 바라보는 날들이 이어졌고, 불안감은 그녀의 일상을 잠식해갔다. 이대로는 안 된다는 생각에 그녀는 타로 상담을 찾았다.

상담에서 나온 첫 번째 카드, 소드 5(Five of Swords)는 경쟁과 갈등의 에너지를 담고 있다. 이 카드는 현정이 지금까지의 투자 과정에서 자신과의 싸움에서 지쳐있음을 보여준다. 손실을 인정하고 내려놓는 것이 더 큰 손실을 막는 길일 수도 있지만, 자존심과 자책감이 그녀를 가로막고 있었다. 카드에 그려진 모습처럼, 손에 든 칼은 이미 전투가 끝났음을 암시한다. 현정은 그동안 자신의 판단을 믿고자 애썼지만, 결국 감정에 휘둘려 중요한 결정을 미뤄왔다. 소드 5는 손실을 받아들이는 용기가 필요하다고 말한다. 손실은 실패가 아니라 배움의 기회가 될 수 있다.

두 번째 카드, 펜타클 2(Two of Pentacles)는 균형과 선택의 메시지를 전한다. 이 카드는 현정이 자신의 삶에서 투자가 차지하는 비중을 조정해야 할 시점에 있음을 말해준다. 주식시장의 변동성에 휘둘리며 다른 중요한 것들을 잊고 있지는 않은지 돌아볼 필요가 있다. 펜타클을 juggling하는 인물처럼, 현정은 재정적 목표와 개인적 행복 사이의 균형을 다시 설정해야 한다. 이 카드는 그녀에게 투자 외의 다른 삶의 영역에도 에너지를 분배하라고 조언한다. 삶은 하나의 선택으로 정의되지 않는다. 균형을 찾으려는 노력이 지금의 혼란을 잠재울 수 있을 것이다.

마지막 카드, 완드 에이스(Ace of Wands)는 새로운 시작과 가능성을 상징한다. 이 카드는 현정이 투자에서 얻은 교훈을 바탕으로 다른 열정을 탐구할 수 있는 잠재력이 있음을 보여준다. 완드 에이스는 불타오르는 창의성과 새로운 기회를 암시한다. 주식투자로 인해 억눌렸던 그녀의 창의성이 새로운 방향으로 펼쳐질 수 있는 시기이다. 이 카드는 그녀가 투자와 별개로 즐기고 몰입할 수 있는 일을 찾아보라고 권한다. 새로운 시도는 삶에 활력을 불어넣고, 더 나아가 투자에 대한 부담감도 덜어줄 수 있다.

세 장의 카드는 하나로 연결되어 있다. 소드 5는 과거의 실수를 인정하고 내려놓으라는 메시지를, 펜타클 2는 현재의 균형을 되찾으라는 조언을, 완드 에이스는 새로운 미래를 향해 나아가라는 격려를 담고 있다. 현정은 이 카드를 통해 지금의 혼란스러운 상황을 넘어서 자신만의 길을 찾을 수 있다.

상담이 끝난 후, 현정은 작은 다짐을 하나 한다. 차트를 보는 시간을 줄이고, 매일 아침 산책을 하며 머릿속을 비워보겠다는 것이다. 그녀는 그 다짐을 시작으로, 자신의 삶에 더 많은 공간을 허락하기로 한다. 주식투자는 더이상 그녀 삶의 전부가 아니었다. 손실은 아프지만, 그 손실 속에서 얻은 배움은 그녀의 삶을 더 풍요롭게 할 씨앗이 될 것이다. 타로 카드는 그녀에게 단지 카드 이상의 것이다. 그것은 그녀의 내면에 잠재된 용기와 가능성을 일깨우는 거울이었다.

현정의 이야기는 우리 모두의 이야기일 수 있다. 우리는 종종 무엇인가에 몰입하다가 삶의 균형을 잃고, 자신을 옭아매는 상황에 빠지곤 한다. 하지만 그럴 때일수록 내려놓고, 균형을 되찾고, 새로운 가능성을 탐색하는 용기가 필요하다. 타로는 우리에게 단순한 예언이 아니라, 삶의 방향성을 되짚어 볼 기회를 준다. 삶은 언제나 새로운 시작을 허락한다. 그리고 그 시작은 우리가 스스로 치유하고 성장할 때 비로소 열릴 수 있다.

스마트폰 좀비 태준, 불규칙한 수면으로 건강을 망친다

태준이는 매일 밤 스마트폰을 손에서 놓지 못한다. 누워서 영상을 보거나 소셜미디어를 훑다 보면 어느새 새벽 2시를 훌쩍 넘기기 일쑤다. 잠이 들더라도 깊이 자지 못해 아침이면 몸이 천근만근이고, 낮에는 졸음과 피로가 몰려와 업무나 학업에 집중하기가 힘들다. 자신도 이런 생활이 반복되면 안 된다는 생각에 수면 패턴을 바꿔보려 하지만, 막상 밤이 되면 스마트폰을 켜게 된다. 나도 모르게 스마트폰에 의존하게 되는 자신이 답답하고, 건강과 일상 리듬이 점점 망가지는 것 같아 불안감도 커진다.

태준이는 오늘도 침대 눕자마자 스마트폰을 켠다. 가볍게 유튜브를 켜고 영상을 하나 재생하다 보면, 추천 영상이 끊임없이 따라붙는다. 그렇게 시간은 흘러 어느덧 새벽 2시. 이대로 잠들면 내일이 또 걱정이라는 생각이 머릿속을 스쳐가지만 손은 멈추지 않는다. 이런 태준이에게 타로 카드 소드3(Three of Swords), 절제

(Temperance), 완드 퀸(Queen of Wands)이 나타난다.

소드 3은 마음의 상처와 혼란을 상징한다. 밤마다 스마트폰을 끄지 못하는 태준이의 마음 한구석에도 작은 상처가 있다. 어쩌면 그 상처는 자신을 놓아주지 않는 불안과 무력감에서 비롯되었을 것이다. 현대인의 일상은 쉴 틈 없이 빠르게 흐르고, 모든 정보가 손바닥 안에 펼쳐지는 시대다. 스마트폰은 위안이 되기도 하지만, 동시에 일상의 균형을 무너뜨리기도 한다. 태준이의 반복되는 늦은 밤은 피로를 쌓고, 피로는 또 다른 무력감을 만든다. 그리고 이 무력감이 태준이의 마음속 깊은 상처로 남는다.

하지만 절제의 카드는 태준이에게 균형과 회복을 이야기한다. 절제는 극단 사이에서 균형을 잡고 조화를 이루는 힘을 상징한다. 지금 태준이에게 필요한 것은 무엇일까? 바로 '조절'이다. 하루의 끝에서 자신에게 잠깐의 휴식을 허락하되, 그 시간을 온전히 나를 위한 시간으로 만드는 것이다. 스마트폰을 무작정 멀리하는 것이 아니라, 조금씩 시간을 줄이고, 나에게 더 소중한 일을 위해 시간을 쓰는 연습을 하는 것. 절제는 무언가를 억지로 참는 것이 아니라, 나에게 필요한 균형을 찾아가는 과정이다.

태준이의 이야기 속에 등장한 완드 퀸은 새로운 전환점을 제시한다. 완드 퀸은 자신감과 열정, 그리고 따뜻한 카리스마를 상징하는 카드다. 이 카드는 태준이의 내면에 숨어 있는 에너지와 가능성을 알려준다. 반복되는 피로가 짓눌러 그간 잊고 지낸 꿈이나, 하고 싶은 일이 태준이에게도 있을 것이다. 스마트폰이 주는 일시적 위안을 넘어, 자신을 다시 일으켜 세울 수 있는 무언가를 찾는다면 태준이의 삶은 분명 달라질 수 있다. 한 번쯤은 스마트폰 대신 책을 꺼내거나 하루를 돌아보는 시간을 가져보는 건 어떨까? 내일의 나를 위해 잠시 오늘의 나에게 더 나은 선택을 내리는 것이다.

결국 태준이의 고민은 우리 모두의 이야기이기도 하다. 우리는 때때로 마음의 허전함과 피로를 달래기 위해 무언가에 의존하지만, 그럴수록 더 큰 공허함에 빠지기도 한다. 그러나 타로는 우리에게 말한다. 작은 상처와 불안이 있더라도 균형을 찾고, 내 안의 힘을 믿는다면 우리는 다시 일어설 수 있다고. 소드 3은 아픔이 있음을 인정하게 하고, 절제는 균형을 찾아가는 길을 안내하며, 완드 퀸은 내 안에 숨은 열정과 자신감을 깨워준다.

오늘 밤, 태준이가 스마트폰을 조금 일찍 내려놓을 수 있다면 그것만으로도 변화는 시작된다. 잠들기 전 창밖의 바람 소리를 듣거나, 짧은 글을 쓰며 하루를 마무리하는 시간은 그 자체로 마음을 정리하는 과정이 된다. 매일 밤을 지배하던 불안과 무기력은 조금씩 사라지고, 태준이의 하루는 다시 균형을 찾아간다. 중요한 것은 완벽한 변화가 아니다. 작은 시도, 그리고 그 시도가 주는 따뜻한 위로가 오늘의 태준이에게 필요한 전부다. 누구나 불안한 밤을 보낼 수 있지만, 누구나 그 밤을 회복의 시간으로 바꿀 수 있다.

어느새 스마트폰을 내려놓고 깊은 잠에 빠진 태준이의 모습이 떠오른다. 피로와 불안을 덜어낸 채 맞이하는 아침은 한결 가볍고 따뜻하다. 타로는 태준이에게 말한다.

"너는 충분히 잘하고 있어. 이제 너 자신에게 조금 더 믿음을 가져도 돼."

그리고 그 말은 태준이뿐만 아니라 오늘 밤 스마트폰을 내려놓을 모든 이에게 건네는 위로이기도 하다.

은수는 무의미한 루틴 속에서
자신을 잃어가는 무력감을 느낀다

은수는 매일 반복되는 일상 속에서 점점 지쳐간다. 아침에는 알람 소리를 들으며 눈을 뜨고, 무거운 발걸음으로 출근을 한다. 회사에서는 반복적인 업무가 그녀를 기다리고 있고, 퇴근 후에는 그저 지친 몸을 눕히는 것으로 하루를 마무리한다. 은수의 잠자리 머릿속에는 온종일 회사에서 시달렸던 소음으로 가득하다. 잠시 독서할 여유조차 없다. 매일 똑같은 루틴이 반복되고, 변화는 보이지 않는다. 은수는 점점 더 지쳐가며, 삶의 의미를 찾기 힘들어 한다. 하지만, 타로 카드가 보여주는 메시지는 그녀에게 새로운 가능성과 희망을 전한다. The Fool(바보), The Magician(마법사), Nine of Pentacles(펜타클9) 카드는 그녀에게 변화의 시작과 자신이 가지고 있는 잠재력을 깨우칠 기회를 제시한다.

The Fool 카드는 시작과 새로운 여정을 상징한다. 이 카드는 단순한 무지나 어리석음을 의미하는 것이 아니라, 마음의 자유로움과 새로운 시작을 위한 용기를 나타낸다. 은수에게 이 카드는 일상이 반복되는 상황에서 벗어나 새로운 가능성에 열려 있을 때 자신을 발견할 수 있다는 메시지를 준다. 지금까지의 루틴에서 벗어나 처음으로 새로운 도전과 가능성을 받아들이는 것, 그 자체가 변화의 시작이 된다. 그녀는 현재 상황에서 벗어나 더 나은 미래를 향한 첫걸음을 내딛는 용기가 필요하다. The Fool은 그 길에 대한 두려움이나 불확실함을 넘어서라고 속삭인다. 가끔은 아무것도 모른 채 시작하는 것이 더 큰 성취를 가져오기도 한다. 그녀는 지금이 그 시작을 위한 완벽한 순간이라는 것을 깨달아야 한다.

The Magician 카드는 은수에게 자기 자신의 능력을 믿고 활용할 수 있다는 신뢰를 심어준다. 이 카드는 마법과 같은 능력, 즉 그녀가 가지고 있는 자원을 창조적으로 활용하여 원하는 것을 만들어낼 수 있다는 가능성을 상징한다. 은수는 자신의 내면에 숨겨진 능력과 자원들을 충분히 활용할 기회가 준비되어 있다. 그녀가 직면한 상황에서 느끼는 무력감은 사실 그녀 자신이 가진 잠재력을 인식하지 못했기 때문일 수 있다. The Magician은 은수에게 자신이 가진 지식, 기술, 사람들과의 연결 등을 통해 해결책을 찾아낼 수 있다는 자신감을 불어넣는다. 그녀는 일상의 반복 속에서 잃어버린 자기 자신을 다시 만날 수 있다. 그동안 소홀히 여겼던 자원들이 바로 그녀의 삶을 변화시키는 중요한 열쇠가 될 것이다.

Nine of Pentacles 카드는 독립과 자립을 의미하며, 은수에게 안정과 성취의 열매를 상징한다. 이 카드는 은수가 자신의 노력과 인내를 통해 결국 원하는 결과를 얻게 된다는 확신을 준다. 반복적인 일상이 계속될 때, 은수는 결코 끝나지 않는 일들에만 집중하게 된다. 그러나 Nine of Pentacles는 그녀에게 자신이 이루어 온 것을 돌아볼 기회를 제공하며, 이미 그녀의 삶 속에 숨겨진 성취들을 발견하게 한다. 이 카드는 은수에게 충분히 자립적이고 안정적인 상태에 도달할 수 있다는 믿음을 준다. 그녀는 외부의 인정이나 조건에 의존하기보다는, 자신만의 속도와 방식으로 삶을 꾸려나가야 한다. 이 카드는 그녀가 자신의 길을 걸어가면서 고유의 성취감을 얻고, 자립적으로 살아갈 수 있는 능력을 가지고 있다는 사실을 상기시킨다.

세 장의 카드를 통해 은수는 중요한 메시지를 받는다. 현재의 일상은 답답하고 무의미하게 느껴질 수 있지만, 그 속에서도 새로운 시작의 가능성과 내면의 힘을 발견할 수 있다. The Fool은 새로운 발걸음을 내디딜 용기를, The Magician은 자신의 능력을 믿을 자신감을, 그리고 Nine of Pentacles는 풍요로운 삶에 대한 희망을 선사한다. 은수는 상담을 마치며 작은 결심을 한다. 매일 반복되는 일상을 조금씩 변화시키는 작은 도전을 시작하기로. 예를 들어, 새로운 취미를 찾아보거나, 평소와 다른 방법으로 출근을 해보는 것처럼 말이다. 이런 작은 변화가 쌓여 그녀의 삶은 서서히 활기를 되찾게 될 것이다.

타로 카드는 은수에게 단순한 예언 이상의 것을 알려준다. 그것은 그녀의 내면 깊은 곳에 잠들어 있던 가능성과 희망을 깨워주는 도구이다. 그리고 이제 은수는 다시 한 번 자신의 삶을 주도적으로 살아갈 준비가 되어 있다. 그녀의 하루는 여전히 같은 시간 시작되겠지만, 그 하루를 채우는 마음가짐은 앞으로는 전혀 다를 것이다. 은수의 이야기는 우리 모두에게 작은 영감을 준다. 답답한 일상 속에서도 새로운 가능성을 찾고, 자신의 힘을 믿으며, 궁극적으로는 스스로 원하는 삶을 만들어갈 수 있다는 메시지를 전한다.

두 아이를 키우는 종민은 대출을 갚느라 저축도 못하며 산다

30대 중반의 직장인 종민은 매달 급여 절반 이상을 대출 상환으로 사용한다. 결혼 자금과 주택 마련을 위해 대출을 받았지만, 시간이 지나면서 예상치 못한 지출이 생길 때마다 추가 대출을 받게 되었다. 두 아이가 있는 이제는 생활비조차 빠듯해 저축은 꿈도 꾸지 못하고, 대출 상환일이 다가올 때마다 마음이 조급해진다. 미래를 준비해야 한다는 생각이 머릿속을 떠돌아도, 끝없는 빚의 굴레에서 벗어날 수 있을지 막막하다. 그저 버티는 하루하루 속에서 언제 또 급전을 위해 대출을 해야 할지 모른다는 불안감이 점점 커지고 있다.

타로 카드는 때로 우리의 내면 깊숙한 곳에서 들려오는 소리를 비추는 거울이 된다. 종민의 이야기를 들으며 펼쳐진 소드 에이스(Ace of Swords), 컵 4(Four of Cups), 펜타클 9(Nine of Pentacles) 카드는 그의 현재와 미래를 잇는 길을 보여준다. 그리고 그 길은 단지 빚과 부담에서 벗어나는 것이 아니라, 새로운 마음가짐과 시선의 전환으로 시작된다.

소드 에이스는 진실과 통찰의 시작을 의미한다. 종민의 상황은 복잡하고 무거워 보이지만, 이 카드는 그에게 명확한 사고와 결단력을 요구한다. 빚의 굴레는 단지 숫자로 이루어진 문제가 아니다. 이는 그의 삶의 우선순위와 선택, 그리고 자신을 바라보는 방식에 대한 문제이기도 하다. 소드 에이스는 새로운 출발을 위한 용기를 말한다. 혼란 속에서도 가장 중요한 목표를 정의하고, 자신의 삶에서 어떤 것이 진정 가치 있는 것인지 고민해 보라는 신호다. 종민이 스스로 던져야 할 질문은 단순하다. "나는 왜 이 길을 선택했으며, 앞으로 무엇을 위해 노력하고 싶은가?" 소드의 날카로운 칼날은 그의 마음속에서 두려움과 회피를 베어내고, 진실한 자신과 마주할 힘을 준다.

하지만 컵 4는 종민의 현재 상태를 고스란히 반영한다. 그가 느끼는 무기력과 회의감은 이 카드의 핵심이다. 대출 상환에 얽매인 그의 일상은 새로운 가능성을 바라볼 여유조차 허락하지 않는다. 컵 4는 그가 가진 것의 가치를 다시 보라는 메시지를 전한다. 그의 삶에 주어진 작은 기쁨과 안정감, 그리고 가족과의 유대가 어떤 의미를 지니는지 되돌아볼 필요가 있다. 비록 경제적 압박 속에서 살아가고 있지만, 그 안에서도 위안을 찾을 수 있는 요소들은 존재한다. 이 카드는 그가 눈을 들어 주변을 다시 바라보기를 권유한다. 때로는 삶의 답이 아주 가까이에 숨어 있을 때가 많다. 주변에서 얻는 위로와 힘은 그의 마음을 회복시키는 데 큰 역할을 할 것이다.

펜타클 9는 그의 미래를 비추는 희망의 등불처럼 보인다. 이 카드는 자립과 풍요, 그리고 성취감을 상징한다. 종민이 느끼는 불안과 고통은 결국 그가 더 강해지고 안정된 삶으로 나아가는 과정일 수 있다. 펜타클 9는 작은 성공과 자기만족의 중요성을 일깨운다. 종민이 매일의 생활에서 작은 성취를 이루고 그것을 자축할 때, 그의 내면은 점점 더 단단해질 것이다. 대출이라는 큰 문제 속에서도 그는 자신의 힘으로 하나씩 해결해 나가야 할 작은 단위의 목표를 설정할 수 있다. 이 카드의 주인공처럼 종민 역시 자립적인 성취감을 통해 자신의 가치를 재발견할 수 있다.

이 세 장의 카드는 종민에게 이렇게 말하는 듯하다. "너의 현재는 무겁고 복잡해 보일지라도, 그것은 네가 새롭게 시작할 수 있는 기회다. 지금의 어려움을 통해 네 안의 진실과 가능성을 발견하고, 주어진 삶의 작은 기쁨들을 다시 바라봐라. 그리고 자신의 힘으로 작은 성공을 이루며, 너의 가치를 다시 찾아가라."

종민의 이야기는 사실 우리 모두의 이야기일지도 모른다. 경제적 부담이나 심리적 압박은 각자의 삶에서 다양한 형태로 나타난다. 그러나 타로 카드는 우리가 가진 힘과 잠재력을 잊지 말라고 일깨운다. 소드 에이스의 명료함, 컵 4의 내면 성찰, 펜타클 9의 자립은 누구나 삶에서 찾을 수 있는 선물이다. 그리고 이 선물은 그 자체로 우리에게 위로와 희망을 안겨준다.

 삶이 버거워 보일 때, 우리에게는 단 하나의 칼, 단 하나의 컵, 단 하나의 펜타클이 필요할 뿐이다. 그것을 통해 우리는 다시 일어나고, 앞으로 나아갈 힘을 얻는다. 오늘 하루, 당신도 자신만의 소드와 컵, 펜타클을 찾아보는 것은 어떨까? 그 작은 시작이 결국 당신의 삶을 변화시키는 첫걸음이 될 것이다.

# 적당한 전세 매물이 없어
매일 부동산 어플만 바라보는 현주

전세 계약이 곧 만료를 앞두고, 서른 살 중반의 직장인 김현주는 새집을 찾아야 하는 상황이다. 최근 몇 년간 급격히 상승한 집값과 전세금은 현주의 예산을 크게 초과하고 있다. 회사 근처에서 살기를 희망하지만, 현실적으로 감당할 수 있는 전세 매물이 거의 없어서 매일 부동산 어플을 들여다보며 고민하는 중이다. 부모님께 도움을 요청할지, 더 멀리 떨어진 곳으로 이사를 가야 할지 선택의 기로에서 결정을 내리지 못한 채, 걱정과 불안이 점점 커져만 간다.

이런 상황에서 김현주는 타로의 조언을 받기로 한다. 김현주에게 펼쳐진 타로 카드는 완드 3(Three of Wands), 펜타클 5(Five of Pentacles), 컵의 2(Two of Cups)이다.

첫 번째로 나온 카드는 완드 3이다. 이 카드는 새로운 기회의 문 앞에 서 있는 사람의 모습을 상징한다. 김현주는 자신의 현재 상황을 놓고 볼 때, 단순히 주거 문제를 해결하는 데 그치지 않고, 이 상황이 자신의 인생 방향을 재정비할 중요한 기회일 수 있음을 깨닫는다. 완드 3은 새로운 가능성을 모색하고 더 넓은 시야로 세상을 바라보라는 메시지를 담고 있다. 그녀는 이사를 단순히 물리적인 이동으로만 볼 것이 아니라, 자신의 커리어와 삶의 우선순위를 다시 생각해보는 계기로 삼아야 한다는 힌트를 얻는다. 회사 근처에서 머물고자 하는 이유가 단순히 편리함 때문인지, 아니면 자신에게 진정으로 중요한 다른 가치 때문인지 질문을 던지게 된다.

두 번째로 등장한 카드는 펜타클 5이다. 이 카드는 어려움과 결핍, 외로움을 상징한다. 카드 속 두 사람은 추운 겨울 거리를 걸으며 힘겹게 발걸음을 옮기고 있지만, 바로 옆에는 그들을 따뜻하게 해줄 수 있는 성당이 있다. 김현주는 이 카드를 보고 자신의 불안과 걱정이 더 큰 선택의 기회를 보지 못하게 막고 있다는 것을 깨닫는다. 도움을 요청하는 것은 부끄러운 일이 아니다. 그녀는 부모님께 도움을 요청하는 것이 자신의 자존감을 훼손하는 일이 아니라는 사실을 받아들이기 시작한다. 힘들 때 손을 내미는 것은 약함이 아니라, 삶을 함께 나누는 가족의 의미를 되새기는 행위일 수 있다. 또한, 이 카드는 물질적인 어려움 속에서도 마음의 풍요를 찾아야 한다는 메시지를 준다. 상황이 어렵더라도 그녀가 이미

가지고 있는 자원을 현명하게 활용하면 돌파구를 찾을 수 있음을 암시한다.

　마지막으로 나온 카드는 컵의 2이다. 이 카드는 조화와 협력, 상호 이해를 상징한다. 김현주는 이 카드를 통해 주어진 문제를 혼자 해결하려고 애쓰는 대신, 주변 사람들과의 협력을 통해 문제를 해결할 수 있음을 느낀다. 부모님과 솔직하게 대화하고, 그들의 조언을 구하며, 친구나 동료들에게도 도움을 요청할 수 있는 용기를 얻는다. 컵의 2는 그녀에게 따뜻한 연결의 가능성을 열어준다. 문제를 함께 해결하는 과정에서 그녀는 자신의 고립된 감정에서 벗어나게 되고, 새로운 관계의 깊이를 발견할 수 있다. 또한, 이 카드는 그녀에게 자신을 믿고 사랑하며, 자신의 선택을 존중할 것을 조언한다. 이러한 태도는 그녀의 불안을 줄이고, 더욱 안정된 마음으로 미래를 준비할 수 있게 해준다.

　이 세 장의 카드는 김현주에게 중요한 통찰을 제시한다. 완드 3은 그녀가 더 큰 그림을 바라보고 새로운 가능성을 찾을 것을 권하고, 펜타클 5는 어려움 속에서도 마음의 따뜻함을 유지하고 도움을 청하는 용기를 심어준다. 컵의 2는 관계를 통해 문제를 해결하며 마음의 평화를 찾을 수 있음을 일깨워준다. 김현주는 타로 상담을 마친 뒤, 스스로 선택할 용기와 방향을 얻었다. 그녀는 부모님과도 솔직하게 대화를 나누기로 하고, 이사를 통해 새롭게 시작할 삶의 모습을 상상하며 희망의 불씨를 키우기 시작한다.

  타로 카드는 그녀에게 단순히 미래를 예측하는 도구가 아니라, 현재를 돌아보고 마음의 평화를 찾는 안내서가 되었다. 이 과정은 그녀가 자신의 삶을 다시 주도적으로 바라보는 계기가 된 것이다. 문제 해결을 위한 여정 속에서 김현주는 자신 안에 숨어 있던 용기와 지혜를 발견했고, 더불어 주변 사람들과의 관계 속에서 사랑과 지지를 재확인하였다. 앞으로의 삶은 여전히 도전적일 수 있지만, 그녀는 타로 카드가 보여준 통찰을 통해 작은 변화가 얼마나 큰 가능성을 열어줄 수 있는지 알게 되었다. 그리고 그 변화는 그녀의 선택에서 시작된다는 사실을 깊이 깨달았다. 그녀는 비로소 문제의 중심에서 벗어나 삶의 주체로 다시 설 수 있게 되었다.

제조업 자동화로 인해 우진 씨 직업이 위험하다

우진 씨는 제조업 회사를 다니며 가족의 생계를 책임지고 있다. 최근 회사가 자동화 설비를 도입하면서 작업 공정이 크게 효율화되고, 동료 몇 명이 구조조정으로 회사를 떠나는 모습을 보게 된다. 그는 자동화로 인해 자신의 역할이 점차 축소되고 있다는 것을 느끼며, 언젠가 자신의 일자리마저 사라질까 두려운 마음이 커진다. 매일 출근할 때마다 불안감이 쌓이고, 미래에 대한 확신 없이 어떻게 대처해야 할지 막막하다. 이러한 상황에서 타로 카드는 별(The Star), 펜타클 3 (Three of Pentacles), 황제(The Emperor)가 나타났다. 이 카드들은 우진 씨에게 중요한 메시지를 전달하며, 그의 현재 어려움을 극복할 수 있는 길을 제시해준다.

별 카드는 희망과 치유를 상징한다. 우진 씨는 현재 불확실한 미래와 직장에서의 변화로 인해 큰 스트레스를 받고 있다. 그러나 별 카드는 그에게 밝은 미래가 기다리고 있음을 상기시킨다. 어려움 속에서도 희망을 잃지 않고 자신의 내면에 있는 긍정적인 에너지를 발견할 수 있음을 나타낸다. 우진 씨는 자신의 감정을 솔직하게 받아들이고, 마음의 평화를 찾기 위해 노력해야 한다. 명상이나 취미 활동을 통해 마음을 안정시키고, 새로운 가능성에 대한 열린 마음을 유지하는 것이 중요하다.

펜타클 3 카드는 협업과 기술의 중요성을 강조한다. 우진 씨는 현재 자동화로 인해 자신의 역할이 축소되고 있음을 느끼고 있다. 이 카드가 나타난 것은 그가 새로운 기술을 배우고 동료들과의 협력을 통해 자신의 가치를 높일 수 있음을 의미한다. 팀 프로젝트에 적극적으로 참여하고, 동료들과의 소통을 강화함으로써 회사 내에서 자신의 위치를 확고히 할 수 있다. 또한, 새로운 기술을 습득하여 자신의 역량을 강화하면, 변화하는 환경 속에서도 경쟁력을 유지할 수 있을 것이다. 지속적인 학습과 자기개발이 우진 씨에게 큰 도움이 될 것이다.

황제 카드는 구조와 통제를 상징하며, 리더십과 책임감을 나타낸다. 우진 씨는 현재 불안감과 두려움에 사로잡혀 있지만, 황제 카드는 그에게 자신의 삶을 주도적으로 이끌어갈 수 있는 힘이 있음을 상기시킨다. 그는 자신이 직면한 문제를 체계적으로 분석하고, 현실적인 해결책을 모색해야 한다. 재정 계획을 세우고, 가족과의 대화를 통해 함께 미래를 준비하는 것이 중요하다. 또한, 리더십을 발휘하여 자신의 역할을 재정의하고, 회사 내에서 새로운 기회를 창출할 수 있다. 자신의 강점을 활용하여 상황을 통제하고, 긍정적인 변화를 이끌어낼 수 있는 능력이 우진 씨에게 있음을 믿어야 한다.

이 세 장의 타로 카드는 우진 씨에게 현재의 어려움을 극복할 수 있는 방향을 제시해준다. 별 카드는 희망과 치유를, 펜타클 3 카드는 협업과 기술의 중요성을, 황제 카드는 구조와 통제, 리더십을 강조한다. 우진 씨는 이 카드들의 메시지를 통해 자신의 내면을 돌아보고, 긍정적인 변화를 이끌어낼 수 있는 힘을 발견할 수 있다. 미래는 불확실하지만, 희망을 잃지 않고, 지속적으로 자신을 발전시키며, 책임감 있게 상황을 이끌어간다면, 우진 씨는 새로운 기회를 맞이하고 안정된 미래를 구축할 수 있을 것이다. 타로 카드는 그의 여정에 빛을 비추며, 마음의 평화를 찾고, 자신감을 회복할 수 있도록 도와준다. 우진 씨는 자신을 믿고, 변화에 유연하게 대응하며, 희망을 품고 나아가야 한다. 그렇게 함으로써 그는 현재의 어려움을 극복하고, 더욱 밝은 내일을 맞이할 수 있을 것이다.

아이들 교육비로 점점 어려워지는 지환 씨 가족

지환은 두 아이의 아버지로서 가족의 생계를 책임지고 있다. 최근 들어 자녀들의 학원비와 다양한 교육비가 늘어나면서 가정의 생활비 부담이 크게 가중되고 있다. 매달 기본적인 식비와 주거비에 더해 아이들의 교육비가 급증하면서 지출이 계속해서 늘어나고 있다. 지환은 다른 가정에서 흔히 볼 수 있는 아이들의 교육을 포기할 수는 없다고 느낀다. 그러나 그로 인해 가족 전체의 생활이 점점 더 어려워지고 있다는 사실에 고민이 깊어진다. 경제적인 압박 속에서 지환은 어떻게 하면 자녀 교육과 가정의 생계를 모두 잘 유지해 갈 수 있을지 갈피를 못 잡고 있다.

타로 카드를 통해 지환의 상황을 살펴보면, 첫 번째로 컵의 시종(Page of Cups)이 나타난다. 이 카드는 새로운 감정의 시작과 창의적인 해결책을 암시한다. 지환은 현재의 어려운 상황 속에서도 자녀들을 위한 새로운 방법을 모색해야 할 필요가 있다. 아이들의 교육을 포기하지 않으면서도 가정의 재정을 안정시키기 위한 창의적인 접근이 필요하다. 이는 단순히 비용을 절감하는 것 이상의 의미를 가지며, 가족 모두가 함께 성장할 수 있는 방향을 모색하는 것을 의미한다. 예를 들어, 자녀들의 교육비를 효율적으로 관리하거나, 교육의 질을 높이기 위한 대안을 찾는 등 지환은 새로운 시각으로 문제를 바라보아야 한다. 또한, 부부간 소통을 통해 모두가 함께 해결책을 찾아가는 과정이 중요하다.

다음으로 소드의 기사(Knight of Swords)가 등장한다. 이 카드는 신속한 행동과 결단력을 상징한다. 지환은 현재의 어려움을 극복하기 위해 빠르고 단호한 결정을 내려야 할 시점에 서 있다. 이는 단순한 계획 수립을 넘어서, 실제로 실행에 옮기는 단계로 나아가야 함을 의미한다. 예를 들어, 추가적인 수입원을 찾거나, 불필요한 지출을 줄이는 등의 구체적인 행동이 필요하다. 소드의 기사는 지환이 직면한 문제를 해결하기 위해 적극적으로 나서야 함을 강조한다. 지환은 망설임 없이 필요한 변화를 추진하고, 상황을 개선하기 위한 적극적인 자세를 가져야 한다. 이는 단기적으로는 어려움을 겪을 수 있지만, 장기적으로는 긍정적인 변화를 가져올 수 있다. 또한, 지환은 자신의 목표를 명확히 설정하고, 그 목표를 향해 꾸준히 나아가는 결단력이 필요하다.

마지막으로 펜타클 8(Eight of Pentacles)이 나타난다. 이 카드는 성실함과 노력을 상징하며, 기술을 연마하고 꾸준히 일하는 것을 의미한다. 지환은 현재의 경제적 압박 속에서도 꾸준히 노력하고, 자신의 능력을 개발하는 것이 중요하다. 이는 단순히 일의 양을 늘리는 것이 아니라, 효율적으로 일하고 자신의 기술을 향상시켜 더 나은 결과를 도출하는 것을 뜻한다. 지환이 지속적으로 노력하고 자신을 발전시킨다면, 장기적으로는 가정의 재정 상황도 안정될 것이다. 또한, 펜타클의 8은 지환이 자신의 역할에 충실하며, 작은 성취를 통해 큰 변화를 이끌어낼 수 있음을 보여준다. 지환은 자신의 노력이 결실을 가져올 것이라는 믿음을 가지고 꾸준히 전진해야 한다. 이를 통해 지환은 자신과 가족을 위한 안정된 미래를 만들어갈 수 있다.

 이 세 장의 타로 카드는 지환에게 현재의 어려움을 극복하고 가족의 생계를 유지하는 데 필요한 중요한 메시지를 전달하고 있다. 새로운 감정과 창의적인 접근, 신속한 행동과 결단력, 그리고 꾸준한 노력과 성실함이 결합될 때, 지환은 현재의 난관을 극복하고 가족과 함께 더 나은 미래를 향해 나아갈 수 있다.
 타로는 지환에게 희망과 방향을 제시하며, 그의 노력과 결단이 결국에는 긍정적인 결과로 이어질 것임을 알려준다. 지환은 이 상담을 통해 자신이 가진 힘과 가능성을 다시 한 번 깨닫고, 가족을 위한 최선의 선택을 할 수 있는 용기를 얻게 된다. 또한, 지환은 자신이 처한 상황을 보다 명확하게 이해하고, 이를 극복하기 위한 구체적인 방법들을 찾아갈 수 있게 된다. 타로 상담은 지환에게 단순한 조언을 넘어, 내면의 힘을 발견하고 이를 발휘할 수 있는 길을 열어준다. 지환은 이 과정을 통해 자신과 가족을 위한 더 나은 길을 모색하며, 궁극적으로는 모두가 함께 행복하게 살아갈 수 있는 기반을 다질 수 있을 것이다.

연미는 알바를 해야 하는 자신의 상황이 짜증난다

연미는 평일 저녁마다 편의점에서 자정 가까이 아르바이트를 한다. 매일같이 반복되는 일상에서 그녀는 자신이 점점 더 깊은 피로와 고립감에 빠져들고 있음을 느낀다. 공부할 시간은 턱없이 부족하고, 가족들과의 대화는 줄어들었다. 일과 생활의 균형이 무너진 채 그녀는 마치 삶의 의욕마저 잃어가는 듯하다. 이런 상황 속에서 그녀는 타로 상담을 찾았다.

상담에서 등장한 첫 번째 카드는 소드 에이스다. 이 카드는 날카로운 지성과 진실을 상징한다. 소드 에이스는 문제를 해결하기 위한 명확한 통찰력과 새로운 시작을 제시한다. 연미의 마음속 더께처럼 쌓인 답답함과 혼란은, 사실 그녀가 변화의 순간에 서 있음을 나타낸다. 이 카드는 그녀에게 한 가지 중요한 질문을 던진다.
"이 모든 문제를 정면으로 마주하며 새로운 결정을 내릴 용기가 있는가?"

연미는 이 질문을 곱씹으며 자신이 지금까지 현실을 회피하려고만 한 것은 아닌지 돌아본다. 그녀의 삶에서 필요한 것은 분명함이다. 자신의 한계를 인정하면서도 새로운 방식을 탐구하려는 용기 말이다.

두 번째로 등장한 완드 5는 갈등과 경쟁을 상징한다. 이 카드는 연미가 현재 느끼고 있는 내적 갈등과 혼란을 생생히 보여준다. 날마다 이어지는 아르바이트, 부족한 시간, 외로움 등은 그녀에게 치열한 전쟁터와 같다. 하지만 이 카드는 또한 성장의 가능성을 내포한다. 완드 5는 단순히 갈등의 존재를 강조하는 것이 아니라, 이 갈등을 통해 더 나은 자신으로 나아갈 수 있음을 시사한다. 연미는 자신의 마음속에서 갈등하고 있는 여러 목소리에 귀를 기울인다. 그녀는 그 목소리들이 자신에게 어떤 이야기를 하고 있는지 알아차린다. "지금의 고통이 단지 고통으로 끝나는 것이 아니라, 나를 더 단단하게 만들기 위한 과정일 수도 있다."라는 깨달음이 그녀를 스친다.

마지막으로 컵 킹이 나타난다. 이 카드는 감정의 조화와 성숙을 의미한다. 연미가 느끼는 외로움과 피로는 그녀가 자신의 감정을 돌보지 못한 결과일 수도 있다. 컵 킹은 그녀에게 자신을 더 사랑하고, 자신의 감정과 연결될 것을 권유한다. 주변 상황이 아무리 혼란스럽더라도, 그녀가 내면의 평온을 유지할 수 있다면 삶은 훨씬 견딜 만해진다. 연미는 자신의 감정을 억누르기만 해서는 안

된다는 것을 깨닫는다. 그녀는 자신에게 이렇게 말하기 시작한다.

"나는 내 감정을 돌볼 자격이 있어. 그리고 나를 위해 작은 평화를 만들어도 괜찮아."

연미는 타로 카드를 통해 자신의 상황을 새롭게 바라보게 된다. 그녀는 소드 에이스의 메시지를 통해 더 명확한 선택을 할 용기를 얻고, 완드 5를 통해 갈등 속에서도 성장의 가능성을 발견하며, 컵 킹을 통해 자신을 위한 감정적인 균형과 돌봄의 중요성을 배운다. 그녀는 아르바이트 후 피곤한 몸으로 침대에 누워도 이제 조금은 다른 마음가짐을 가지게 된다.

"지금 내가 겪는 이 순간은 내 삶에서 반드시 지나야 할 과정일 뿐이야. 그리고 나는 이 과정을 통해 더 단단해질 거야."

삶의 무게에 짓눌릴 때, 우리는 쉽게 자신을 잃어버리곤 한다. 하지만 타로는 우리에게 삶을 다른 각도에서 바라보는 창을 제공한다. 연미의 이야기는 타로가 단지 미래를 점치는 도구가 아니라, 자신을 치유하고 삶의 의지를 되찾는 데 큰 힘이 될 수 있음을 보여준다. 그녀가 느끼는 피로와 고독은 끝이 아니다. 그것은 더 나은 자신으로 나아가기 위한 길목에 놓인 이정표다. 타로 카드가 전하는 메시지는 결국 하나다.

"너는 더 나은 삶을 살 자격이 있다. 그리고 그 삶을 위해 지금의 순간을 사랑하라."

신용카드 회사 전화가 두려운 지안 씨

지안 씨는 매달 월급날마다 카드 대금을 갚으면서도 늘 부족함을 느낀다. 평소 생활비를 줄이기 위해 노력하지만 예상치 못한 지출이 반복되며, 어느새 카드 대금이 월 소득의 80%를 차지하게 된다. 가족이나 친구에게 도움을 요청하려고도 하지만, 자존심과 미안함에 망설이게 된다. 최근에는 카드 대금을 갚기 위해 또 다른 대출을 알아보게 되었고, 이로 인해 자신이 점점 더 깊은 빚의 늪에 빠지고 있다는 불안감이 커져만 간다. 지안 씨는 문제를 해결하고 싶지만 어떻게 시작해야 할지 막막한 상태다.

지안 씨의 이야기는 많은 이가 공감할 수 있는 현실적인 어려움을 담고 있다. 매달 월급의 대부분을 카드 대금 상환에 사용하면서도 끊임없이 부족함을 느끼는 상황은 정신적, 경제적으로 큰 부담을 안겨준다. 예상치 못한 지출이 계속되면서 재정적인 압박은 더욱 가중되고, 자존심과 미안함으로 인해 도움을 요청하지 못하는 상황은 외로움과 불안을 더욱 심화시킨다. 이러한 어려움 속에서 지안 씨가 느끼는 막막함과 문제 해결의 어려움은 누구에게나 큰 고민거리가 될 수 있다. 여기서 나온 타로 카드 컵 7(Seven of Cups), 소드 기사(Knight of Swords), 펜타클 킹(King of Pentacles)은 이러한 지안 씨의 상황을 해석하고, 앞으로 나아갈 방향에 대한 힌트를 제공한다.

컵 7은 선택의 갈림길을 상징하며, 다양한 가능성과 선택지 속에서 혼란을 겪는 모습을 나타낸다. 지안 씨는 현재 여러 가지 해결책을 모색하고 있지만, 그 과정에서 무엇이 옳은 선택인지 혼란스러워하고 있다. 예상치 못한 지출과 지속적인 대금 상환은 지안 씨가 앞으로 나아갈 길을 더욱 복잡하게 만들고 있다. 하지만 컵 7은 이 시점에서 자신의 내면을 들여다보고 진정으로 원하는 것이 무엇인지 명확히 하는 것이 중요하다는 메시지를 전달한다. 혼란 속에서도 자신에게 진정으로 필요한 것이 무엇인지 깨닫는다면, 좀 더 명확한 선택을 할 수 있을 것이다.

소드 기사는 결단력과 행동력을 상징하며, 빠르고 단호한 결정을 통해 문제를 해결하려는 의지를 나타낸다. 지안 씨는 현재의 재정적 어려움을 극복하기 위해 적극적으로 행동하고자 하지만, 그 과정에서 충동적인 결정을 내릴 위험이 있다. 소드 기사는 이러한 상황에서 신중하면서도 단호한 결단이 필요함을 알려준다. 감정에 휘둘리지 않고 이성적으로 상황을 분석하며, 체계적인 계획을 세워 문제를 해결해 나가는 것이 중요하다. 이는 지안 씨가 자신의 상황을 주도적으로 변화시키는 데 큰 도움이 될 것이다.

펜타클 킹은 안정과 부의 상징으로, 물질적인 성공과 안정된 삶을 나타낸다. 지안 씨가 현재 겪고 있는 어려움은 펜타클 킹이 보여주는 안정과는 거리가 멀지만, 이 카드는 미래에 대한 희망과 목표를 상기시킨다. 펜타클 킹은 꾸준한 노력과 현명한 자산 관리로 재정적인 안정을 이룰 수 있음을 암시한다. 지안 씨는 현재의 어려움을 극복하기 위해 체계적인 재정 관리와 지속적인 노력이 필요하며, 이를 통해 결국 안정된 삶을 누릴 수 있을 것이다.

이 세 장의 타로 카드는 지안 씨에게 중요한 메시지를 전달한다. 첫째, 현재의 혼란과 어려움 속에서도 자신에게 진정으로 필요한 것이 무엇인지 명확히 하는 것이 중요하다. 둘째, 단호하고 신중한 결단을 통해 문제를 해결하려는 의지를 가져야 한다. 셋째, 꾸준한 노력과 현명한 재정 관리를 통해 안정된 미래를 꿈꾸어야 한다. 지안 씨는 이 메시지를 통해 자신의 상황을 긍정적으로 바라보고, 앞으로 나아갈 길을 찾을 수 있을 것이다.

모든 어려움은 결국 지나가며, 지안 씨의 노력은 반드시 결실을 보게 될 것이다. 타로 카드는 지안 씨가 자신의 내면을 돌아보고, 현명한 선택을 통해 재정적 안정을 이루는 데 큰 도움이 될 것이다. 지안 씨의 여정이 앞으로도 평온과 안정으로 가득 차기를 진심으로 응원한다. 누구나 어려움을 겪지만, 그 속에서 성장하고 발전할 수 있는 기회를 찾을 수 있음을 잊지 말아야 한다. 지안 씨의 이야기는 우리 모두에게 희망과 용기를 주는 소중한 교훈이 될 것이다.

윤미 씨의 성취와 워라벨 갈등

윤미 씨는 빠르게 성장하는 스타트업에서 마케팅 팀장으로서 뛰어난 열정과 헌신을 보인다. 그녀는 회사의 성과를 높이기 위해 주말에도 업무를 처리하며 끊임없이 노력한다. 이러한 노력은 분명 회사의 성장에 큰 기여를 하고 있지만, 동시에 그녀의 개인적인 삶에는 상당한 부담을 주고 있다. 윤미 씨는 연애와 여행과 같은 소중한 순간들을 놓치게 되며, 친구들과의 약속을 미루거나 가족과의 시간을 줄이는 등 사생활을 희생하면서까지 일에 집중하는 것이 과연 옳은지 깊이 고민하게 된다. 회사의 성공과 자신의 행복 사이에서 균형을 찾지 못해 갈등을 겪는 윤미 씨는 두 가지를 모두 만족시킬 수 있는 해결책을 찾고자 타로 상담을 신청하게 된다. 여기서 윤미 씨는 펜타클 2(Two of Pentacles), 소드 기사(Knight of Swords), 컵 퀸(Queen of Cups) 카드와 만난다.

타로 상담에서 첫 번째로 등장한 펜타클 2는 윤미 씨의 현재 상황을 정확히 반영하며, 균형과 조화를 상징한다. 그녀는 일과 개인 생활 사이에서 균형을 맞추기 위해 애쓰고 있지만, 그 과정에서 많은 스트레스를 느끼고 있다. 펜타클 2는 윤미 씨에게 현재 상황에서 균형을 유지하려는 노력이 중요함을 일깨워준다. 이 카드는 그녀가 모든 것을 동시에 완벽하게 해내려는 부담을 덜고, 우선순위를 정해 하나씩 해결해 나가는 것이 필요함을 시사한다. 윤미 씨는 자신의 에너지를 효율적으로 분배하고, 일과 개인 생활 사이에서 건강한 경계를 설정할 필요가 있다. 이를 통해 그녀는 업무에 대한 집중력을 유지하면서도, 개인적인 시간도 충분히 가질 수 있는 기반을 마련할 수 있다.

이어지는 소드 기사는 윤미 씨에게 새로운 접근 방식을 제안한다. 소드 기사는 결단력과 신속한 행동을 상징하며, 그녀가 현재 문제를 해결하기 위해 적극적으로 나서야 함을 의미한다. 윤미 씨는 일에 대한 열정이 강하지만, 때로는 과도한 집중이 오히려 역효과를 낳을 수 있음을 깨닫게 된다. 소드 기사는 그녀에게 자신의 목표를 명확히 하고, 필요하다면 업무 방식을 재고하며 효율성을 높일 것을 권장한다. 또한, 그녀는 자신의 생각을 명확히 전달하고, 팀과의 소통을 강화함으로써 업무 부담을 줄일 수 있다. 이는 팀원들과의 협력을 통해 업무를 분담하고, 불필요한 업무를 줄이는 데에도 도움이 될 것이다. 적극적인 태도와 결단력 있는 행동이 그녀가 원하는 균형을 이루는 데 큰 도움이 될 것이다. 윤미 씨는 이러한 조언을 바탕으로 업무의 우선순위를 재정립하고, 더 효과적으로 시간을 관리함으로써 스트레스를 줄일 수 있다.

마지막으로 등장한 컵 퀸은 윤미 씨의 감정적인 측면을 돌본다. 컵 퀸은 감수성과 직관을 상징하며, 그녀가 자신의 내면을 돌아보고 감정을 돌보는 것이 중요함을 강조한다. 윤미 씨는 일에 몰두하는 동안 자신의 감정을 간과하거나 억누르는 경향이 있다. 컵 퀸은 그녀에게 자기 자신을 돌보는 시간을 가지라고 조언한다. 이는 명상이나 취미 생활, 또는 단순히 휴식을 취하는 시간을 통해 가능하다. 그녀는 자신의 감정을 인정하고, 이를 통해 더 깊은 자기 이해와 내면의 평화를 찾을 수 있다. 또한, 가까운 사람들과의 감정적인 연결을 강화함으로써, 그녀는 더욱 건강한 인간관계를 유지할 수 있다. 윤미 씨는 감정적으로도 건강한 상태를 유지함으로써, 업무에서도 더욱 창의적이고 효율적으로 일할 수 있는 기반을 마련하게 된다.

이 세 장의 타로 카드는 윤미 씨에게 균형, 결단력, 감정 관리의 중요성을 일깨워준다. 펜타클 2는 그녀가 일과 개인 생활 사이에서 균형을 맞추기 위한 노력을 지속하도록 격려하고, 소드 기사는 그녀가 적극적으로 문제를 해결하며 효율성을 높일 것을 제안한다. 컵 퀸은 그녀가 자신의 감정을 돌보고 내면의 평화를 찾을 수 있도록 안내한다. 윤미 씨는 이 조언들을 바탕으로 자신의 삶을 재조명하고, 좀 더 건강하고 행복한 미래를 향해 나아갈 수 있다. 타로 상담을 통해 그녀는 일과 개인 생활의 조화를 이루는 방법을 발견하며, 자신에게 더 많은 사랑과 관심을 기울이는 법을 배우게 된다. 이는 그녀가 회사의 성공뿐만 아니라 자신의 행복도 함께 추구할 수 있는 길을 열어준다. 윤미 씨는 이제 균형 잡힌 삶을 향해 한 걸음 더 나아가며, 진정한 힐링을 경험할 준비가 되어 있다. 그녀는 자신의 노력과 헌신이 단순히 업무 성과에만 국한되지 않고, 전반적인 삶의 질을 향상시키는 데에도 중요한 역할을 한다는 것을 깨닫게 된다. 이로써 윤미 씨는 더욱 만족스럽고 행복한 삶을 살아갈 수 있는 자신감을 얻게 되며, 미래에 대한 긍정적인 전망을 가지게 된다.

윤미 씨의 이야기는 요즘 젊은이들에게 공감을 불러일으킬 수 있다. 현대 사회에서 일과 개인 생활의 균형을 맞추는 것은 쉽지 않은 과제이며, 많은 사람이 비슷한 고민을 하고 있다. 타로 상담을 통해 그녀는 자신의 내면을 깊이 들여다보고, 실질적인 해결책을 찾을 수 있었다. 이 과정에서 윤미 씨는 자신에게 필요한 변화와 성장을 인식하게 되었고, 이를 통해 더욱 건강하고 행복한 삶을 영위할 수 있는 길을 찾게 되었다. 그녀의 이야기는 우리 모두에게 자신을 돌보고, 균형 잡힌 삶을 추구하는 것이 얼마나 중요한지를 다시 한 번 상기시켜 준다. 윤미 씨는 이제 자신의 삶을 주도적으로 이끌어 나가며, 진정한 행복과 성공을 동시에 누릴 수 있는 길을 걸어가고 있다.

유명 브랜드 세일 기간이 되면
한 달 급료가 날아가는 철민 씨

　　33세 직장인 철민 씨는 스트레스를 받을 때마다 온라인 쇼핑몰에서 필요 이상의 물건을 구매한다. 하지만 택배가 도착하면 후회가 되어 반품 절차를 반복하게 된다. 이러한 행동 패턴은 철민 씨의 일상에 큰 영향을 미치며, 금전적인 부담을 초래한다. 특히 유명 브랜드 세일 기간에는 "지금 아니면 안 된다"는 충동에 이끌려 한 달 치 월급을 모두 사용해버린다. 이러한 반복되는 소비 습관은 철민 씨의 자존감과 재정 상태에 부정적인 영향을 미치고 있으며, 그는 자신의 소비 패턴을 어떻게 개선할지 고민하고 있다.

　철민 씨의 이야기는 현대 사회에서 흔히 겪는 내면의 갈등과 외적인 압박을 잘 보여준다. 스트레스로 인해 온라인 쇼핑몰에서 필요 이상의 물건을 구매하는 철민 씨의 행동은 단순한 소비 습관을 넘어 깊은 심리적 요인을 반영한다. 철민 씨에게는 펜타클 10(Ten of Pentacles), 연인(The Lovers), 탑(The Tower) 카드가 주어졌다.

펜타클 10(Ten of Pentacles)은 안정과 번영, 가족과의 조화로운 관계를 상징하며, 이는 철민 씨가 현재의 재정적 부담과 소비 습관 속에서 진정한 안정과 행복을 찾기 위해 노력해야 함을 시사한다. 이 카드는 물질적 성공뿐만 아니라 가족과의 유대, 공동체 속에서의 소속감을 강조한다. 철민 씨는 자신의 소비가 단기적인 만족을 넘어서 장기적인 안정과 행복을 저해하고 있음을 깨닫고, 가족과의 관계를 다시 돌아보며 진정한 안정의 의미를 재정립할 필요가 있다.

연인(The Lovers) 카드는 선택과 조화를 의미하며, 철민 씨가 자신의 내면과 외부 환경 사이에서 균형을 찾기 위한 중요한 결정을 내려야 함을 나타낸다. 이는 소비를 통해 일시적인 만족을 추구하는 대신, 장기적인 안정을 위해 자기 자신과의 진정한 조화를 이루려는 노력이 필요함을 의미한다. 연인의 카드는 또한 사랑과 관계의 중요성을 강조하며, 철민 씨가 자신의 감정과 욕구를 이해하고, 진정한 사랑과 관계를 통해 내면의 평화를 찾는 과정을 상징한다. 이는 자신의 소비 습관을 개선하는 과정에서도 중요한 역할을 하며, 자신과의 관계를 재정립하고 자신을 더 깊이 이해함으로써 보다 건강한 소비 패턴을 형성할 수 있다.

그러나 탑(The Tower) 카드는 갑작스러운 변화와 기존 구조의 붕괴를 상징한다. 이는 철민 씨의 현재 소비 패턴이 깨지지 않는 한 계속해서 반복될 위험이 있음을 경고한다. 탑 카드는 또한 이러한 변화가 초기에는 고통스럽고 혼란스러울 수 있지만, 궁극적으로는 새로운 시작과 성장을 위한 기회를 제공함을 암시한다. 철민 씨는 반복되는 소비 패턴과 그로 인한 재정적 부담이 자존감과 삶의 질에 부정적인 영향을 미치고 있음을 인식하고, 이를 극복하기 위한 용기를 가져야 한다. 탑 카드는 기존의 구조가 붕괴될 때 비로소 새로운 구조가 세워질 수 있음을 알려주며, 이는 철민 씨가 자신의 소비 습관을 변화시키는 과정에서도 중요한 메시지를 전달한다. 변화는 두려움과 불안을 동반할 수 있지만, 이는 더 나은 미래를 위한 필수적인 단계임을 이해해야 한다.

펜타클 10과 연인의 조합은 철민 씨가 자신의 삶에서 진정으로 중요한 것이 무엇인지를 재평가하고, 재정적 안정과 내면의 평화를 추구하는 방향으로 나아가야 함을 제안한다. 이는 단순히 소비를 줄이는 것을 넘어, 자신의 가치관과 목표를 재정립하고, 이를 바탕으로 삶을 재구성하는 과정이 될 것이다. 철민 씨는 자신의 소비 습관을 개선하기 위해 구체적인 계획을 세우고, 필요한 물건과 불필요한 소비를 구분하며, 재정 계획을 철저히 관리할 필요가 있다. 또한, 스트레스를 해소하기 위한 대체 활동을 찾아보는 것도 중요한데, 이는 운동, 명상, 취미 활동 등이 될 수 있으며, 이러한 활동들은 철민 씨가 내면의 평화를 찾고, 충동을 억제하는 데 도움을 줄 것이다.

타로 카드의 메시지는 철민 씨에게 큰 힐링과 깨달음을 제공할 수 있다. 현재의 소비 습관은 단기적인 스트레스 해소를 위해 선택된 행동일지 모르지만, 이는 장기적으로는 더 큰 불안과 부담을 초래하고 있다. 철민 씨는 펜타클 10이 상징하는 안정과 번영을 이루기 위해, 연인의 선택이 요구하는 내면의 조화와 균형을 찾는 노력이 필요하다. 탑 카드가 예고하는 변화는 두려움으로 다가올 수 있지만, 이는 새로운 기회와 더 나은 삶을 위한 필수적인 과정임을 인식해야 한다. 철민 씨는 자신의 소비 패턴을 개선하기 위해 작은 변화부터 시작할 수 있다. 예를 들어, 충동 구매를 자제하고, 필요한 물건과 불필요한 소비를 구분하며, 재정 계획을 세우는 것이 도움이 될 것이다. 또한, 스트레스를 해소하기 위한 대체 활동을 찾아보는 것도 중요한데, 이는 운동, 명상, 취미 활동 등이 될 수 있다.

철민 씨의 여정은 단순히 소비 습관을 고치는 것을 넘어, 자신을 이해하고 삶의 균형을 찾는 과정이다. 타로 카드는 이러한 여정에서 철민 씨에게 지침과 위로를 제공하며, 그는 자신의 내면과 외부 세계 사이에서 조화를 이루기 위한 길을 찾아갈 수 있다. 펜타클 10, 연인, 탑의 조합은 철민 씨에게 안정과 조화, 그리고 필연적인 변화를 통해 더 나은 자신을 발견할 수 있는 기회를 열어준다. 이는 누구에게나 해당될 수 있는 이야기로, 우리 모두 삶의 다양한 측면에서 균형을 찾고, 변화를 두려워하지 않으며, 진정한 행복과 안정으로 나아갈 수 있음을 상기시켜준다. 철민 씨의 경험을 통해 우리는 자신을 돌아보고, 필요한 변화를 받아들이며, 더 나은 삶을 위한 노력을 지속해야 함을 깨닫게 된다. 이러한 과정 속에서 우리는 자신만의 힐링과 성장을 이루어 나갈 수 있으며, 타로의 지혜는 우리 모두가 더 나은 삶을 향해 나아가는 데 큰 도움이 될 것이다. 철민 씨가 겪는 변화의 여정은 우리 모두에게 자기 자신과의 깊은 대화를 촉구하며, 내면의 평화와 외적인 안정 사이에서 조화를 이루는 길을 찾아가야 함을 일깨워준다.

투잡으로 블로그를 운영하는 동석 씨

32세 회사원 동석 씨는 본업 외 투잡으로 블로그를 운영하며 광고 수익을 올리고자 한다. 그는 다양한 콘텐츠를 꾸준히 게시하고 방문자 수를 늘리기 위해 노력하지만, 한 달 수익은 10만 원이 채 못 된다. 수익 대비 투입하는 시간과 노력이 허무하게 느껴져 좌절감을 겪고 있다. 동석 씨는 자신의 블로그가 더 많은 수익을 창출할 수 있는 방법을 찾고자 타로 상담을 받기로 결심한다. 동석 씨 상담에서 나온 타로 카드는 심판(Judgment), 완드 2(Two of Wands), 소드 시종(Page of Swords)이다. 이들 타로 카드가 동석 씨에게 깊은 통찰과 새로운 방향을 제시한다.

심판 카드는 동석 씨에게 자신을 돌아보고 현재의 노력이 어떤 결과를 가져오는지 성찰할 기회를 제공한다. 그는 자신의 블로그 운영 방식과 콘텐츠 전략을 면밀히 검토하며, 무엇이 효과적이고 무엇이 개선이 필요한지 객관적으로 평가한다. 이러한 자각은 그에게 자신의 목표를 재정립하고, 보다 명확한 방향성을 설정하는 데 도움을 준다.

완드 2는 동석 씨에게 새로운 계획과 미래에 대한 비전을 제시한다. 그는 현재의 노력이 결실을 보지 못하더라도 포기하지 않고, 다양한 전략을 모색하며 블로그의 성장 가능성을 탐구한다. 이 카드는 그가 장기적인 목표를 설정하고, 그 목표를 달성하기 위한 구체적인 계획을 세우도록 격려한다. 동석 씨는 자신의 블로그가 더 많은 방문자와 수익을 창출할 수 있는 방안을 모색하며, 새로운 콘텐츠 아이디어를 발굴하고, 마케팅 전략을 강화하는 등의 구체적인 행동을 취하게 된다. 이러한 계획은 그에게 희망과 동기를 부여하며, 앞으로의 여정에 대한 긍정적인 전망을 가지게 한다.

소드 시종은 동석 씨의 호기심과 학습 욕구를 반영한다. 그는 새로운 정보와 기술을 습득하며, 블로그 운영에 필요한 다양한 지식을 탐구한다. 이 카드는 그가 창의적인 아이디어를 실현하고, 문제 해결 능력을 향상시키는 데 중요한 역할을 한다. 동석 씨는 자신의 블로그에 더 많은 가치를 부여하기 위해 최신 트렌드를 연구하고, 독자들과의 소통을 강화하며, 효과적인 콘텐츠 제작 방법을 익히려는 노력을 기울인다. 이러한 학습 과정은 그에게 자신감을 부여하고, 블로그 운영에 대한 새로운 시각을 제공한다.

이 세 장의 타로 카드는 동석 씨에게 자기 성찰과 계획 수립, 그리고 지속적인 학습과 성장이 중요함을 일깨워준다. 그는 현재의 어려움을 단순한 실패로 받아들이지 않고, 이를 통해 자신을 더욱 발전시킬 기회로 삼는다. 심판 카드는 그의 내면의 목소리에 귀 기울이며, 진정으로 원하는 바를 명확히 하도록 돕는다. 완드 2는 그가 미래를 향한 구체적인 계획을 세우고, 이를 실현하기 위한 용기를 가지게 한다. 소드 시종은 그의 지적 호기심을 자극하며, 끊임없이 배우고 성장하려는 의지를 강화시킨다.

결국, 동석 씨는 이 타로 상담을 통해 자신이 직면한 문제를 새로운 시각에서 바라보고, 이를 극복할 수 있는 실질적인 방안을 모색하게 된다. 그는 좌절감에 빠지지 않고, 자신의 노력과 시간을 보다 효율적으로 활용할 수 있는 길을 찾아나간다. 블로그 운영이라는 도전 속에서 그는 자신을 믿고, 꾸준한 노력과 긍정적인 마인드로 앞으로 나아간다. 이러한 과정은 동석 씨에게 큰 위로와 희망을 제공하며, 그가 더 나은 미래를 향해 나아갈 수 있는 힘을 실어준다.

벼랑 끝에서 뛰어내리고 싶은 남자
어두운 밤을 지나 새벽을 기다리며

"모든 것이 끝난 것 같아요."

상담을 시작한 그는 무거운 한숨과 함께 말을 꺼냈다. 사업 자금 문제가 그를 벼랑 끝으로 몰아넣고 있었다. 타로 카드를 펼치기 전부터 그의 눈빛에서 이미 모든 답을 찾고 싶어 하는 절박함이 느껴졌다. 말 한 마디, 한 마디에서 깊은 피로와 절망이 묻어났다. 죽음 같은 단어가 대화 속에서 가장 먼저 들려왔고, 그가 경험하는 고통의 깊이를 감히 헤아릴 수 없었다. 갈수록 자금 압박이 심해 자꾸 자살을 떠올린다는 것이다.

그가 처음 뽑은 카드는 마이너 아르카나 10번 소드(Ten of Swords)였다. 이 카드는 깊은 상실감, 끝, 그리고 절망을 상징한다. 칼들이 한 인물의 등을 찌르고 있는 모습은 잔인할 정도로 고통을 드러내고 있었다. 그의 얼굴이 굳어졌다.

"정말 제가 지금 딱 이 모습 같아요. 더이상 앞으로 나아갈 힘도, 의지도 없어요. 모든 것이 끝난 것 같은데, 왜 이렇게 버텨야 하는 걸까요?"

그가 떨리는 목소리로 물었다.

타로 심리 상담사는 조심스럽게 카드를 가리키며 말해주었다.

"이 카드의 의미는 단순히 파멸만을 뜻하지는 않아요. 카드의 어두운 배경 너머로 떠오르는 희미한 여명을 보세요. 이건 끝처럼 보이는 순간이 새로운 시작을 준비하는 단계일 수 있다는 걸 말해주고 있어요. 지금은 너무 힘들겠지만, 모든 것이 무너졌을 때 비로소 새롭게 시작할 기회가 찾아오기도 해요."

그는 여전히 낙담한 표정을 하고 있었지만, 내가 하는 말을 가만히 되새기고 있는 듯 보였다.

다음으로 그가 뽑은 카드는 스타(별)였다. 이 카드는 밤하늘의 별처럼 희망과 치유를 상징한다.

"이 카드가 나타난 건 당신에게 아직 희망이 있다는 걸 말하고 있어요. 별빛이 밤의 어둠을 밝혀주듯, 당신을 이끌어줄 희망의 불씨가 분명히 존재합니다."

그는 카드의 이미지를 가만히 바라보며 한숨을 내쉬었다.

"희망이라… 정말 가능할까요? 지금 이 고통 속에서도 뭔가 해낼 수 있을까요?"

그의 목소리에서 의심과 믿음 사이의 갈등이 느껴졌다. 타로 심리 상담사는 다시 한 번 별 카드의 의미를 설명하며 확신을 심어주고 싶었다.

"별빛은 작고 희미해 보이지만, 가장 어두운 밤에 가장 선명하게 빛납니다. 지금은 그 빛을 찾으려는 노력이 필요해요. 작은 것이라도 괜찮아요. 그 작은 희망이 더 큰 변화를 불러올 수 있습니다."

마지막으로 뽑힌 카드는 3번 펜타클이었다. 이 카드는 협력과 성장을 상징하며, 노력과 도움 속에서 새로운 기반을 마련하는 단계를 의미한다.

"이 카드는 당신이 혼자가 아니라는 걸 알려주기 위해 나타난 것 같아요. 지금은 혼자 모든 것을 감당하려 하지 말고, 믿을 수 있는 사람들에게 도움을 요청해야 할 때입니다. 당신을 돕고자 하는 사람들과 함께라면, 이 위기를 극복할 힘이 생길 거예요."

그는 고개를 끄덕이며 말했다.

"결국, 제가 더 노력해야 한다는 거겠죠. 하지만 솔직히, 지금은 그럴 자신이 없어요. 제 주변에 그런 사람이 있는지도 잘 모르겠고요."

그의 말에서 여전히 무거움이 느껴졌지만, 그 속에서 작은 다짐의 조짐이 보였다.

"지금 모든 것을 스스로 해결해야 한다는 부담감에서 벗어나세요. 도움을 요청하는 건 결코 약한 모습이 아니에요. 오히려 그 과정을 통해 더 강해질 수 있습니다. 3번 펜타클은 당신의 노력뿐 아니라, 주변의 도움과 함께 이루어질 성장을 상징해요. 당신을 도울 수 있는 사람들에게 문을 여세요."

그는 다시 한 번 깊은 숨을 내쉬었다.

"생각해 볼게요. 제가 할 수 있는 만큼은 해볼게요."

비록 완전한 확신은 아니었지만, 그의 목소리에는 희미한 의지가 섞여 있었다.

타로 상담은 그의 인생을 단번에 바꿀 수는 없다. 하지만 그가 더이상 어둠 속에서 홀로 머물지 않도록 작은 길잡이의 역할을 할 수 있다면, 그것만으로도 충분하다. 밤새 그가 삶의 끝을 생각하는 순간일지라도 새벽은 찾아온다. 별빛이 어두운 밤을 뚫고 빛나듯, 그도 다시 빛을 찾을 수 있기를.

타로는 단순히 예언의 도구가 아니라, 사람의 마음을 어루만지고 앞으로 나아갈 용기를 북돋는 힘이 있다. 그의 여정이 쉽지는 않겠지만, 희망의 별과 협력의 손길을 통해 그는 다시 일어설 것이다.

밤은 길어도, 새벽은 반드시 온다.

바람피우는 아내와 이혼할 결심

가끔 타로 카드가 주는 답이 단순하지 않을 때가 있다. 카드 한 장 한 장이 사람의 내면을 들여다보는 거울처럼, 우리의 감정과 생각을 비추기 때문이다. 따라서 타로 상담은 늘 예측보다는 통찰을 주는 방식으로 이루어진다. 상담하는 사람은, 단순히 자신의 미래를 알고 싶은 사람이 아니라, 때로는 복잡한 감정 속에서 길을 잃은 이들이다. 그들이 타로를 찾는 이유는 무엇일까? 아마도 그들이 처한 상황에서 무엇을 선택해야 할지 모르겠다는 깊은 갈망 때문일 것이다. 그 길을 찾는 데 타로가 어떤 역할을 할 수 있을지 깊은 책임감을 느낀다.

30대 후반 남성이 찾아왔다. 그는 아내가 직장 동료와 바람을 피우고, 종종 외박까지 하는 상황에서 큰 갈등을 겪고 있었다. 이혼을 생각하지만, 자녀들이 염려되어 결정을 내리지 못하고 있었다.

남성은 자신이 처한 상황을 설명하며 매우 복잡한 감정을 털어

놓았다.

"아내가 자꾸 집을 비우고, 직장 동료와의 관계도 점점 심각해지는 것 같아요. 이혼하고 싶지만 어린 자녀를 생각하면, 그 결정이 너무 무겁고 두렵습니다."

먼저, 카드들을 섞으면서 그가 겪고 있는 심리적 갈등을 잘 파악할 필요가 있었다. 그가 놓고 있는 선택은 단순히 아내와의 관계를 해결하는 차원을 넘어, 자신과 자녀들의 미래까지 영향을 미칠 수 있는 결정이기 때문이었다.

카드들을 펼치고 나서, 첫 번째로 나온 카드는 '달의 카드'였다. 이 카드는 불확실성과 혼란을 상징한다. 남편은 자신의 감정에 대해 명확히 알지 못하고 있으며, 무엇보다 상황 판단이 흐려져 있음을 나타냈다. 아내의 외도와 불안정한 가정 환경이 그를 혼란스럽게 만들고 있다는 것을 이 카드가 보여줬다.

"달의 카드가 나왔습니다. 이 카드는 혼란스럽고 불확실한 상황을 나타냅니다. 당신은 아내의 외도와 그녀의 행동에 대해 명확하게 알지 못하는 부분이 많습니다. 감정적으로는 분명히 상처를 받고 있고, 그 상처를 어떻게 치유할지 몰라서 이혼이라는 선택이 쉽지 않죠."

남편은 잠시 침묵을 지켰다. 그가 감정적으로 깊이 갈등하고 있다는 사실을 이해할 수 있었다.

두 번째로 나온 카드는 '죽음의 카드'였다. 이 카드는 종종 두려움을 불러일으키지만, 사실 그 자체로 끝을 의미하는 것은 아니다. 오히려 끝은 새로운 시작을 위한 과정일 수 있다는 메시지를 담고 있었다.

"죽음 카드가 나온 것은 변화를 요구하는 시점이 왔다는 것을 말합니다. 당신은 지금까지 상황을 계속해서 참아왔지만, 이제는 그 상황이 끝나야 할 때입니다. 이혼을 결심하는 것이 아마도 당신의 삶에 큰 변화를 가져올 것입니다. 그 변화는 처음에는 두려울 수 있지만, 새로운 시작이 될 수 있다는 것을 잊지 마세요."

남편은 이 말을 들으며 깊은 생각이 드리운 듯 보였다.

'죽음의 카드는 종종 우리가 두려워하는 변화를 상징하지만, 그것은 곧 새로운 출발을 위한 필수적인 과정임을 알렸다. 이 카드는 남편에게 현 상황을 끝내고, 삶에서 새로운 변화를 맞이할 필요가 있음을 보여줬다. 그는 자신의 감정이 얽힌 상황에서 벗어나, 앞으로 나아갈 수 있는 길을 선택해야 한다는 메시지를 받은 것이다.

마지막으로 나온 카드는 '힘의 카드'였다. 이 카드는 내면의 강인함과 용기를 상징한다.

"힘의 카드는 당신에게 필요한 용기와 인내를 말해줍니다. 지금은 갈등과 어려움 속에서도 당신이 원하는 방향으로 나아가야 할 때입니다. 두려움과 불안 속에서도 자신의 결정을 확고히 하고, 새로운 삶을 시작할 수 있는 내적인 힘을 발견할 수 있을 것입니다."

남편은 이번 카드가 자신에게 용기를 주는 듯한 느낌을 받았고, 얼굴에 조금씩 결단의 기운이 보였다.

타로 카드가 전하는 메시지는 명확하다. 첫 번째로 '달의 카드'가 그가 느끼는 혼란과 불확실성을 드러냈고, 두 번째로 '죽음의 카드'는 이제 그 혼란을 끝내고 새로운 시작을 할 시점이 왔음을 알렸다. 마지막으로 '힘의 카드'는 그가 자신의 내면에서 강인함을 찾고, 결단을 내릴 용기를 가질 필요가 있음을 나타냈다.

타로 카드는 그가 고민하던 문제를 명확하게 바라볼 수 있도록 도와줬다. 이혼을 결심하는 것이 두려운 선택일 수 있지만, 때로는 끝을 내고 새로운 시작을 할 필요가 있다. 타로는 그가 이 어려운 결정을 내릴 때 필요한 내적인 힘과 용기를 주었으며, 삶에서의 변화를 두려워하지 말라고 조언한 것이다.

결국, 선택은 그가 내리는 것이지만, 타로는 그 선택을 돕고, 더 나은 방향으로 나아갈 수 있도록 가이드라인을 제시하는 역할을 한다. 이 상담을 통해 남편은 결국 아내와의 관계를 정리하고, 자신의 삶을 재건하는 길을 선택할 수 있었다. 타로는 단순히 예언을 내리는 도구가 아니라, 우리가 직면한 어려움을 극복할 힘을 북돋아주는 중요한 지침이 될 수 있음을 보여준다.

사업을 접어야 하나

사업을 하다 보면 끊임없이 닥쳐오는 위기와 불확실한 미래에 대한 불안이 따른다. 어느 순간, 그 불안은 마치 그림자처럼 따라붙으며, 얼마나 더 버틸 수 있을지 걱정으로 마음을 짓누른다. 사업을 쉽게 접을 수도 없는 상황에서, 선택의 여지가 없다고 느껴지는 순간도 있다. 이런 때일수록 대부분 사람이 길을 잃은 듯한 느낌을 받으며, 해결책을 찾기 위해 방황한다. 하지만 그 안에서 우리가 찾아야 할 것은 외부의 답이 아니라, 내면 깊숙한 곳에서 우러나오는 희망과 용기일지도 모른다. 타로 카드는 그 불안과 위기의 순간에서 자신을 다시 바라볼 수 있는 작은 등불이 되어줄 수 있다.

"사업을 하는 게 이렇게 힘든 일이었나요? 요즘 계속 불안하고, 앞으로 얼마나 더 버틸 수 있을지 걱정입니다. 쉽게 접을 수도 없는 상황인데, 어떻게 해야 할지 모르겠어요."

상담자는 지친 한숨을 쉬며 말한다. 그의 얼굴에는 피로와 불안이 서려 있다. 사업을 운영하며 겪는 끊임없는 압박감과 실패의 두려움은 그를 점점 지쳐가게 한다. 하지만 그가 사업을 접기에는 너무 많은 것이 걸려 있다. 수많은 사람과의 관계, 그동안 쌓아온 것들이 그를 계속 이끌고 있다.

"지금 느끼는 불안감은 사업의 흐름 속에서 자연스러운 감정일 수 있습니다. 하지만 그 불안을 어떻게 다루느냐가 중요한 부분이죠. 타로 카드를 통해 그 상황을 한번 들여다보겠습니다."

타로 카드를 펼치고, 한 장 한 장 카드를 뽑기 시작한다. 네 장의 각 카드에는 그가 마주한 문제와 그 문제를 해결할 수 있는 실마리가 숨겨져 있다. 카드들이 펼쳐지자, 상담자는 카드의 이미지를 집중해서 바라본다.

"첫 번째로 나온 카드는 '마법사 카드'입니다. 이 카드는 창의성과 능력을 상징하는 카드로, 사업에서 가장 중요한 것은 자신이 가진 능력과 자원을 믿고 활용하는 것입니다. '마법사 카드'는 당신이 이미 필요한 모든 도구를 가지고 있다는 것을 의미합니다. 상황이 어렵더라도 당신의 능력으로 문제를 해결할 수 있다는 메시지를 전합니다."

상담자는 고개를 끄덕인다.

"그러니까 제 안에 해결책이 있다는 말씀이시군요."

"네, 맞습니다. '마법사 카드'는 당신에게 자신감을 가지고 문제를 풀어나갈 능력이 있음을 알려줍니다. 지금까지 경험한 것들이 모두 자산이 되어, 지금 이 순간에 필요한 해결책을 찾는 데 도움을 줄 것입니다."

두 번째 카드는 '펜타클 7'이었다. 이 카드는 노력과 인내를 나타내는 카드로, 현재 상황에서 필요한 것은 꾸준한 노력과 인내임을 알려준다.

"두 번째 카드는 '펜타클 7'입니다. 이 카드는 성과를 위해 꾸준히 노력하는 과정에서 겪는 갈등과 불확실성을 나타냅니다. 사업에서 겪는 어려움은 바로 이러한 인내의 시점에 다다른 것입니다. 이 카드는 지금의 상황이 길고 힘든 과정일 수 있지만, 결국엔 그 노력이 열매르 맺을 것이라는 메시지를 전합니다."

상담자가 말을 이었다.

"그렇군요, 바로 지금이 힘든 시점이라는 거네요."

"맞아요. '펜타클 7'은 수확의 시점이 올 것임을 예고하는 카드입니다. 당장은 힘들어 보일 수 있지만, 꾸준히 진행하면 결국 좋은 결과를 얻을 수 있을 것입니다. 그 과정에서 중요한 것은 포기하지 않고 계속해서 나아가는 것입니다."

세 번째 카드는 '소드 5'였다. 이 카드는 갈등과 위기를 나타내는 카드로, 현재 상담자가 겪고 있는 어려움을 그대로 반영한다.

"세 번째 카드는 '소드 5'입니다. 이 카드는 갈등, 경쟁, 그리고 위기 상황을 나타냅니다. 사업에서의 어려움은 종종 외부의 경쟁이나 예기치 않은 사건으로 인해 발생합니다. '소드 5'는 당신이 직면한 위기가 실제로는 새로운 기회를 위한 변곡점이 될 수 있다는 것을 의미합니다."

상담자의 눈빛이 반짝인다.

"그렇다면 지금의 위기도 결국 새로운 기회를 위한 과정일 수 있다는 말씀이시군요."

"맞습니다. '소드 5'는 격렬한 경쟁이나 갈등 속에서도 결국 새로운 기회를 찾아야 한다는 메시지를 전합니다. 지금 겪고 있는 위기는 당신이 새로운 방향을 찾고, 그 방향으로 나아갈 때 강한 동기가 될 수 있습니다."

마지막 카드는 '황제 카드'였다. 이 카드는 권위와 질서를 상징하는 카드로, 사업의 위기를 극복하려면 확고한 결단력과 실용적인 태도가 필요하다는 것을 시사한다.

"마지막 카드는 '황제 카드'입니다. 이 카드는 권위, 질서, 그리고 결단력을 상징하는 카드입니다. 사업에서의 위기를 극복하려면 강한 결단력과 체계적인 접근이 필요합니다. '황제 카드'는 당신이 이제 사업의 주도권을 잡고, 그 안에서 질서를 세워 나가야 할 때임을 알려줍니다."

상담자는 잠시 말을 아꼈다.

"그렇다면 무작정 이어가려는 것보다, 이제는 체계적으로 접근해야 한다는 거군요."

"정확히 말하셨습니다. '황제 카드'는 지금 당신에게 강력한 지도력과 전략적인 계획을 세울 필요가 있음을 강조하고 있습니다. 사업의 위기를 넘기기 위해서는 더욱 확고한 의지로 방향을 정하고, 철저히 준비해야 할 시점입니다."

상담자가 한 마디 던졌다.

"이제는 결단을 내려야 할 때인 것 같네요. 저도 더 강한 의지로 사업을 이끌어가겠습니다."

"그렇습니다. 당신은 이미 많은 경험을 쌓았고, 그 경험을 바탕으로 강력한 결정을 내릴 수 있을 것입니다. 중요한 것은 상황을 직시하고, 필요하다면 전략을 재조정하며 한 걸음씩 나아가는 것입니다."

상담자는 미소를 지으며 감사의 말을 전했다.

"이번 상담을 통해 많이 배웠습니다. 제 안에 있는 능력과 자원을 믿고, 위기를 기회로 바꿀 수 있다는 믿음이 생겼습니다. 감사합니다."

"언제든지 힘내세요. 이 순간을 지나면, 당신이 상상하는 것 이상의 기회가 기다리고 있을 것입니다."

사업의 위기를 겪고 있는 사람들에게 중요한 것은 단순히 문제를 해결하는 방법이 아니라, 그 위기 속에서 자신이 가진 능력과 자원을 재발견하는 것이다. 타로 카드는 그들에게 내면의 힘을 일깨우고, 끊임없이 변화하는 상황 속에서도 방향을 잃지 않도록 돕는다. 결국 위기는 끝이 아니라 새로운 기회를 위한 전환점이 될 수 있으며, 무엇보다 중요한 것은 그 위기를 맞닥뜨렸을 때 포기하지 않고, 자신을 믿고 나아가는 용기이다. 힘든 순간을 지나면, 결국 그 모든 노력이 하나의 완성으로 이어지는 법. 타로는 그 길을 밝혀주는 작은 등불이 되어준다.